westermann

Heinz Andreas, Angelika Frank, Hermann Groß, Bernd Schreiber

Sozialkunde

Thüringen

Lösungen

8. Auflage

Bestellnummer 01548

Die in diesem Produkt gemachten Angaben zu Unternehmen (Namen, Internet- und E-Mail-Adressen, Handelsregistereintragungen, Bankverbindungen, Steuer-, Telefon- und Faxnummern und alle weiteren Angaben) sind i. d. R. fiktiv, d. h., sie stehen in keinem Zusammenhang mit einem real existierenden Unternehmen in der dargestellten oder einer ähnlichen Form. Dies gilt auch für alle Kunden, Lieferanten und sonstigen Geschäftspartner der Unternehmen wie z. B. Kreditinstitute, Versicherungsunternehmen und andere Dienstleistungsunternehmen. Ausschließlich zum Zwecke der Authentizität werden die Namen real existierender Unternehmen und z. B. im Fall von Kreditinstituten auch deren IBANs und BICs verwendet.

Die in diesem Werk aufgeführten Internetadressen sind auf dem Stand zum Zeitpunkt der Drucklegung. Die ständige Aktualität der Adressen kann vonseiten des Verlages nicht gewährleistet werden. Darüber hinaus übernimmt der Verlag keine Verantwortung für die Inhalte dieser Seiten.

Das Autorenteam und der Verlag haben sich in diesem Titel für die Verwendung der weiblichen und/oder männlichen Form entschieden, um die bessere Lesbarkeit der Texte zu gewahrleisten und um den noch vorhandenen Berufsbezeichnungen in den Lehrplänen zu folgen. Angesprochen sind selbstverständlich alle Geschlechter.

Bildquellenverzeichnis

Bengen, Harm, Norden: 8.1.

Europäisches Parlament, Berlin: 61.1.

fotolia.com, New York: Christian Schwier 50.1; contrastwerkstatt 7.1, 24.1; djama 20.1; drubig-photo 19.1; Ermolaev Alexandr 40.1; Gina Sanders 15.1; goodluz 10.1; Igor Mojzes 5.1; Jan-Dirk; Carl Frederik Reuterswärd © VG Bild-Kunst, Bonn 2020 73.1; jiduha 22.1; Juulijs 35.1; Kzenon 14.1; Marco2811 13.1; Monkey Business 39.1; Photographee.eu 26.1.

Frankfurter Allgemeine Zeitung GmbH, Frankfurt/Main: 12.1.

Hüter, Michael, Bochum: 6.1.

OKS Group, Delhi: 47.1, 77.1.

Picture-Alliance GmbH, Frankfurt/M.: akg-images 36.1; dpa/M. Führer 31.1; ZUMAPRESS.com/Almasri, Karam 57.1.

Shutterstock.com, New York: Hoetink, Robert 28.1.

stock.adobe.com, Dublin: Ettmer, Sina Titel.

Wetterauer, Oliver, Stuttgart: 55.1.

Wir arbeiten sehr sorgfältig daran, für alle verwendeten Abbildungen die Rechteinhaberinnen und Rechteinhaber zu ermitteln. Sollte uns dies im Einzelfall nicht vollständig gelungen sein, werden berechtigte Ansprüche selbstverständlich im Rahmen der üblichen Vereinbarungen abgegolten.

service@westermann.de
www.westermann.de

Bildungsverlag EINS GmbH
Ettore-Bugatti-Straße 6-14, 51149 Köln

ISBN 978-3-427-**01548**-2

westermann GRUPPE

© Copyright 2021: Bildungsverlag EINS GmbH, Köln

Das Werk und seine Teile sind urheberrechtlich geschützt. Jede Nutzung in anderen als den gesetzlich zugelassenen Fällen bedarf der vorherigen schriftlichen Einwilligung des Verlages.

Inhaltsverzeichnis

I Demokratie in der berufsbildenden Schule

1.1	Die berufsbildende Schule	5
1.2	Zusammenarbeit von Schule und Schülervertretung/SMV	7
1.3	Bezüge zum Arbeits- und Tarifrecht	8

II Formen des sozialen Zusammenlebens

2.1	Rollen- und Funktionswandel in der Familie	9
2.2	Individuelle Lebensplanung – alternative Lebensformen	11
2.3	Familienpolitik	12
2.4	Familienrechtliche Grundlagen	13
2.4/1	Familienrechtliche Grundlagen/Verlöbnis, Ehe	14
2.4/2	Familienrechtliche Grundlagen/Güterrecht	15
2.4/3	Familienrechtliche Grundlagen/Scheidung	16
2.4/4	Familienrechtliche Grundlagen/Erbrecht	17

III Erscheinungsformen sozialer Ungleichheit im Alltag

3.1	Soziale Ungleichheit	18
3.2	Gruppen	19
3.3	Milieus	20
3.4	Randgruppen/Minderheiten	21
3.5	Chancengleichheit	23

IV Jugendliche in Freizeit und Arbeitswelt

4.1	Freizeit	24
4.2	Freizeitgestaltung	25
4.3	Freizeitgefahr Alltagsdrogen	26
4.4	Freizeitgefahr illegale Drogen	27
4.5	Weitere Freizeitgefahren	28
4.6	Rechtsstellung Jugendlicher	29
4.7	Jugendschutz	30
4.8	Jugendkriminalität	31
4.9	Jugendstrafrecht	32
4.10	Jugendarbeitslosigkeit	33

V Gesellschaft im Wandel

5.1	Die Agrargesellschaft (Ständegesellschaft)	34
5.2	Von der Agrar- zur Industriegesellschaft	35
5.3	Die Klassengesellschaft im 19. Jahrhundert	36
5.4	Neue Technologien	37
5.5	Wandel der Berufswelt	38
5.6	Veränderung des Privatlebens	39
5.7	Veränderung des öffentlichen Lebens	40
5.8	Chancen und Risiken neuer Technologien	41

VI Grundlagen des demokratischen Staates

6.1	Das Demokratieverständnis des Grundgesetzes	42
6.2	Die Staatsorgane der Bundesrepublik Deutschland – der Bundestag	43
6.3	Die Staatsorgane der Bundesrepublik Deutschland – der Bundesrat	44
6.4	Die Staatsorgane der Bundesrepublik Deutschland – der Bundespräsident	45
6.5	Die Staatsorgane der Bundesrepublik Deutschland – die Bundesregierung	46
6.6	Der Gesetzgebungsprozess	47
6.7	Möglichkeiten der Mitwirkung am politischen Leben	48
6.8	Parteien und Verbände	49
6.9	Wahlen – am Beispiel der Wahlen zum Deutschen Bundestag	50
6.10	Wahlen in Thüringen	51
6.11	Aktuelle Probleme der Demokratie	52

© Westermann Gruppe

VII	**Menschenrechte – Grundlage der Freiheit**	
7.1	Menschenrechte	53
7.2	Die Gefahr der Missachtung der Menschenrechte in der Bundesrepublik Deutschland	54
7.3	Rechtliche Sicherung der Menschenrechte – Grundgesetz	55
7.4	Rechtliche Sicherung der Menschenrechte – internationale Verträge	56
7.5	Menschenrechte im Konfliktfeld internationaler Politik	57
7.6	Engagement für Menschenrechte – Organisationen	58
7.7	Engagement für Menschenrechte – persönlicher Einsatz	59
VIII	**Geschichtliche Prozesse im 20. Jahrhundert**	
8.1	Kennzeichen der Demokratie	60
8.2	Systemvergleich Diktatur – Demokratie	61
8.3	Extremismus	62
IX	**Europäischer Einigungsprozess**	
9.1	Historische Entwicklung der EU	63
9.2	Organe der EU	64
9.3	Gesetzgebung in der EU	65
9.4	Europa der Regionen	66
9.5	Leben und Arbeiten im europäischen Binnenmarkt	67
9.6	Brexit	68
9.7	Die Europäische Währungsunion	69
9.8	Die Erweiterung der EU	70
9.9	Die Gemeinsame Außen- und Sicherheitspolitik (GASP)	71
X	**Globalisierung**	
10.1	Friedensbegriff	72
10.2	Friedensbedrohende Phänomene	73
10.3	Ursachen für Konflikte	74
10.4	Die UNO – Organisation	75
10.5	Die NATO	76
10.6	Entwicklungsländer	77
10.7	Entwicklungspolitik	78
10.8	Die Bundeswehr	79

Möglichkeiten der Weiterbildung — Ziel   LK D1

FOS	Fachoberschule	Fachabitur
FS	Fachschule	Staatlich geprüfter Techniker
	Meisterschule	Meister
BVJ	Berufsvorbereitungsjahr	Hauptschulabschluss
BFS	Berufsfachschule	Realschulabschluss

I   Demokratie in der berufsbildenden Schule

1.1   Die berufsbildende Schule

1. Finden Sie zwei Spruchweisheiten zum Thema „Lernen/Ausbildung" und erklären Sie, worin der Realitätsbezug der Sprüche zu sehen ist.

Duale Ausbildung
Lernorte

Ausbildungsbetrieb — Berufsschule
- Vermittlung praktische — Vermittlung theoretische
  Ausbildungsinhalte + theo. Ausbildungsinhalte
  Hintergründe — Erweiterung der Allgemeinbildung (SK, D, WL)
- Arbeitsschutz = Handwerkskammer (HWK) → Kultusministerium
  Gesellenprüfung — schulische Abschlussprüfung

2. Erklären Sie folgende Begriffe:

Duales System = ~~zwei Lernorte, Berufsschule~~ Wechs zsw 2 ~~Ausbildungsbetrieb~~: Lernorte (Schule + Betrieb)

Vollzeitunterricht =

Berufsfeld =

Grundstufe = Erstes Berufsschuljahr (grundlegend Fertigkeiten und Kenntnisse)

Lernfelder = Unterricht, um berufliche Arbeitsabläufe zu lernen

Fachstufen = zweites u. drittes Berufsschuljahr

Blockunterricht = Wechel von einigen Wochen Schule und einigen Wochen Arbeit

Teilzeitunterricht =

LK D1

© Westermann Gruppe

I Demokratie in der berufsbildenden Schule

1.1 Die berufsbildende Schule

1. Interpretieren Sie die Karikatur zum Thema „Bildungsgerechtigkeit".

2. Geben Sie drei Gründe an, warum sich eine bessere Schulbildung lohnt.

   a)   b)

   c)

3. Nennen Sie drei Vorteile der dualen Ausbildung gegenüber einer Ausbildung im Vollzeitunterricht.

   - Mehr Abwechslung
   - Verdient Geld
   - Teorie in Praxis umsetzen
   - Einblick in beruflichen Alltag mit Aufgaben, Herarschie

4. Welche Möglichkeiten haben Sie in Ihrem Beruf, weiterbildende Schulen zu besuchen?

I Demokratie in der berufsbildenden Schule

1.2 Zusammenarbeit von Schule und Schülervertretung/SMV

1. Ihre Klasse soll in einer Firma ein Projekt planen und betreuen. Es wird von Ihnen „Handlungskompetenz" verlangt.

   Was bedeutet „Handlungskompetenz"? Beschreiben Sie die drei Teilbereiche der Handlungskompetenz anhand konkreter Tätigkeiten bei der Realisierung Ihres Firmenprojektes.

2. Begründen Sie unter dem Aspekt „Demokratie in der berufsbildenden Schule" den Sinn und Zweck der SMV.

I Demokratie in der berufsbildenden Schule

1.3 Bezüge zum Arbeits- und Tarifrecht

1. Formulieren Sie Aufgaben der Gewerkschaften. Nutzen Sie dabei die Karikatur.

   _____
   _____
   _____
   _____

2. Vergleichen Sie die Aufgaben der Gewerkschaften früher und heute.
   Sind Gewerkschaften noch nötig?

   _____
   _____
   _____
   _____
   _____
   _____
   _____

II Formen des sozialen Zusammenlebens

2.1 Rollen- und Funktionswandel in der Familie

1. Stellen Sie die Lebensweise der Großfamilie in der vorindustriellen Gesellschaft der Lebensweise der Kleinfamilie von heute gegenüber.

	Großfamilie früher	**Kleinfamilie heute**
Angehörige		
Familien-führung		
Lebensweise		

2. Welche Aufgaben hat eine Familie? Kreuzen Sie an, welche Aussagen richtig oder falsch sind.

	richtig	falsch
a) Sie bildet die wirtschaftliche Grundlage für ihre Mitglieder.	☐	☐
b) Sie beschränkt die Freiheit der Eheleute.	☐	☐
c) Sie sorgt mit ihren Kindern für den Fortbestand der Gesellschaft.	☐	☐
d) Sie ermöglicht das Hineinwachsen der Kinder in die Gesellschaft.	☐	☐
e) Sie sorgt für eine sinnvolle Beschäftigung der Ehefrau.	☐	☐
f) Sie bereitet die berufliche und gesellschaftliche Stellung der Kinder vor.	☐	☐
g) Sie achtet darauf, dass in der Freizeit jeder seiner Wege geht.	☐	☐

3. Durch welche Merkmale ist die Familie gekennzeichnet? Worin zeigen sich diese Merkmale?

II Formen des sozialen Zusammenlebens

2.1 Rollen- und Funktionswandel in der Familie

4. Stellen Sie kurz dar, wodurch es zum Wandel von der Großfamilie zur Kleinfamilie gekommen ist.

5. Stellen Sie der jeweiligen Situation aus der Vergangenheit die Situation heute gegenüber:

   a) früher: Der Ehemann entscheidet allein über die Angelegenheiten der Familie.

   heute:

   b) früher: Der Vater entscheidet, welchen Beruf das Kind ergreift.

   heute:

   c) früher: Der Ehemann beteiligt sich nicht an der Hausarbeit.

   heute:

   d) früher: Die Ehefrau darf nicht berufstätig sein.

   heute:

6. Warum spielen Gleichberechtigung und Achtung des Partners in der Familie eine sehr wichtige Rolle?

II Formen des sozialen Zusammenlebens

2.2 Individuelle Lebensplanung – alternative Lebensformen

1. Warum wählen heute viele Menschen alternative Lebensformen zur traditionellen Ehe?

   _____
   _____
   _____
   _____
   _____
   _____

2. In den nachfolgenden Beispielen werden verschiedene alternative Lebensformen angesprochen. Geben Sie an, um welche Lebensform es sich handelt.

   a) Die Arbeitsstelle von Peter ist 300 km von seiner gemeinsamen Wohnung mit Freundin Anja entfernt. Er muss sich dort ein Zimmer mieten.

   Lebensform: _____

   b) Ralf und Nadine M. fahren oft in den Urlaub, gehen gern aus und möchten sich bald ein Haus bauen lassen. Doch das kostet viel Geld, sodass beide erwerbstätig sind.

   Lebensform: _____

   c) Mark, Julia, Leon und Susan wohnen aus Kostengründen zusammen.

   Lebensform: _____

   d) Familie G. hat zwei kleine Kinder und keinen Kita-Platz. Sie wohnen auf einem Bauernhof mit dem Rentnerehepaar R. (nicht verwandt mit Familie G.) zusammen. Max ist freiberuflich tätig und ebenfalls Mitbewohner.

   Lebensform: _____

3. Stellen Sie jeweils zwei Vorteile und zwei Probleme eines Mehrgenerationen-Wohnprojektes dar.

   _____
   _____
   _____
   _____
   _____
   _____

© Westermann Gruppe

II Formen des sozialen Zusammenlebens

2.3 Familienpolitik

1. Warum erachtet der Staat die Familie als besonders schützenswert? Nennen Sie zwei Gründe.

   _____
   _____
   _____
   _____

2. Werten Sie die folgenden Daten aus. Diskutieren Sie über Erfolg und Misserfolg des Elterngeldes.

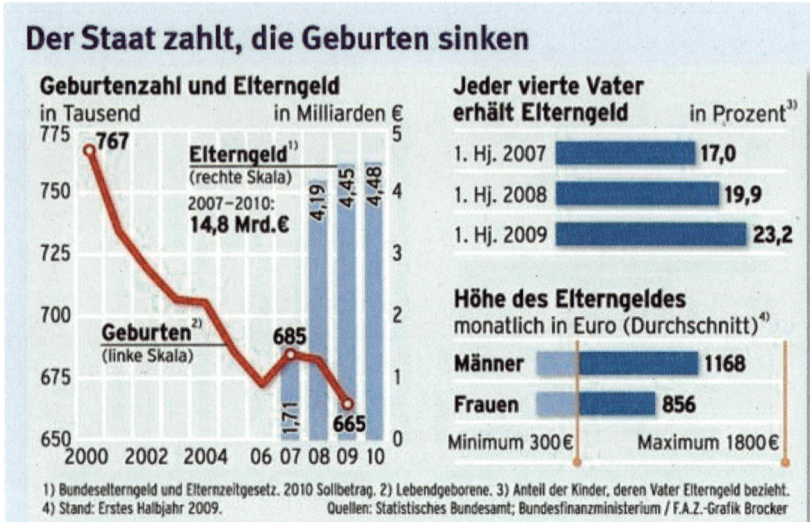

Vgl. Bundesministerium für Familie, Senioren, Frauen und Jugend: Bilanz 10 Jahre Elterngeld. Berlin, 12/2016; www.bmfsfj.de/blob/113300/8802e54b6f0d78e160ddc3b0fd6fbc1e/10-jahre-elterngeld-bilanz-data.pdf [17.06.2019]

   _____
   _____
   _____
   _____
   _____

3. Bilden Sie jeweils drei Beispiele für die aufgeführten Leistungen und Einrichtungen zum Schutz der Familie:

Finanzielle Unterstützung des Staates		
Einrichtungen des Staates		
Staatliche/ kirchliche/ private Institutionen		

II Formen des sozialen Zusammenlebens

2.4 Familienrechtliche Grundlagen

1. Warum ist es Ihrer Meinung nach wichtig, dass sich der Gesetzgeber ausführlich mit Ehe und Familie auseinandergesetzt und eine Fülle von Gesetzen geschaffen hat?

2. Welche Bedeutung hat die nach § 1619 BGB festgelegte Dienstleistungspflicht der Kinder in Haus und elterlichem Geschäft?

3. Welche Pflichten erfüllen Sie in der Familie? Begründen Sie, ob Sie diese Aufgaben als notwendig erachten.

II Formen des sozialen Zusammenlebens

2.4/1 Familienrechtliche Grundlagen/Verlöbnis, Ehe

4. Füllen Sie nachfolgenden Text aus:

Das Verlöbnis ist ein _____. Das Eingehen der Ehe ist jedoch nicht _____.

Ehemündig wird man mit _____ Jahren. Bei Auflösung des Verlöbnisses sind folgende Fakten zu beachten:

_____

5. Welche Ehehindernisse gibt es?

_____
_____
_____
_____
_____
_____
_____
_____

6. Was wird unter „gemeinsamer Haushaltsführung" und „ehelicher Lebensgemeinschaft" verstanden?

_____
_____
_____
_____
_____
_____
_____
_____
_____
_____
_____

II Formen des sozialen Zusammenlebens

2.4/2 Familienrechtliche Grundlagen/Güterrecht

7. Wodurch ist die Zugewinngemeinschaft gekennzeichnet?

   _____
   _____
   _____
   _____
   _____
   _____
   _____
   _____

8. Erklären Sie die Begriffe:

   – Gütertrennung: _____
   _____
   _____
   _____
   _____

   – Gütergemeinschaft: _____
   _____
   _____
   _____
   _____

9. Welche Vorteile hat die vertragliche Regelung des ehelichen Güterstandes gegenüber der gesetzlichen Regelung? Unter welchen Umständen würden Sie die vertragliche Güterstandsregelung wählen?

   _____
   _____
   _____
   _____
   _____

II Formen des sozialen Zusammenlebens

2.4/3 Familienrechtliche Grundlagen / Scheidung

10. Warum verzeichnen wir in Deutschland eine relativ hohe Anzahl an Scheidungen?

    _____
    _____
    _____
    _____
    _____
    _____
    _____

11. Erklären Sie die Begriffe:

    – Zerrüttungsprinzip: _____
    _____
    _____

    – Versorgungsausgleich: _____
    _____
    _____

    – Unterhaltspflicht: _____
    _____
    _____

12. Kreuzen Sie an, ob die nachfolgenden Aussagen richtig oder falsch sind:

	richtig	falsch
a) Eine Ehe kann geschieden werden, wenn die Ehepartner sechs Monate getrennt leben.	☐	☐
b) Eine Ehe gilt als zerrüttet, wenn die Ehepartner ein Jahr getrennt leben und beide der Scheidung zustimmen.	☐	☐
c) Ein Ehepartner kann Unterhalt verlangen, wenn er ein gemeinsames Kind pflegt.	☐	☐
d) Ist ein Ehepartner zu alt, um einer Erwerbstätigkeit nachzugehen, so kann er dauerhaft die Scheidung verhindern.	☐	☐
e) Der Hausmann kann von der erwerbstätigen Ehefrau einen Versorgungsausgleich verlangen.	☐	☐
f) Eine Ehe kann nur durch richterliches Urteil geschieden werden.	☐	☐

II Formen des sozialen Zusammenlebens

2.4/4 Familienrechtliche Grundlagen/Erbrecht

13. Wer sind

    a) gesetzliche Erben erster Ordnung:

    b) gesetzliche Erben zweiter Ordnung:

    c) gesetzliche Erben dritter Ordnung:

14. Was versteht der Gesetzgeber unter folgenden Begriffen?

    a) Verwandtschaftslinie:

    b) Testament:

    c) Erbvertrag:

    d) Erbunwürdigkeit:

15. Kreuzen Sie an, ob die nachfolgenden Aussagen richtig oder falsch sind.

	richtig	falsch
a) Wenn der Erblasser nichts anderes bestimmt, tritt die gesetzliche Erbfolge in Kraft, die im HGB geregelt ist.	☐	☐
b) Ein Erbvertrag wird zwischen Erblasser und Erbnehmer abgeschlossen.	☐	☐
c) Wird ein Nachkomme durch den Erblasser vom Erbe ausgeschlossen, so erhält er nichts.	☐	☐
d) Ein öffentliches Testament wird zur Kenntnisnahme im Amtsgericht ausgehängt.	☐	☐
e) Der Erbschein wird vom Nachlassgericht ausgestellt und weist den Erben aus.	☐	☐

16. Warum hat der Gesetzgeber Ihrer Meinung nach den Pflichtteil eingeführt? Was bedeutet „Pflichtteil"?

III Erscheinungsformen sozialer Ungleichheit im Alltag

3.1 Soziale Ungleichheit

1. Wie entsteht soziale Ungleichheit im Alltag?

   Nennen Sie drei Beispiele für das Auftreten sozialer Ungleichheit.

   _____
   _____
   _____
   _____
   _____

2. **Armut ist eher leise**

   Gut, dass der Schultag vorbei ist. Zum Glück hört keiner, dass Leos Magen seit Stunden knurrt. Ein Pausenbrot gab es heute nicht für ihn, wie so oft. „Keine Zeit, ich esse zu Hause", ruft er den anderen zu, die lärmend die Schulkantine stürmen. Das mit dem Essen daheim hat er sich nur ausgedacht. Papa ist schon lange fort. Und Mama muss ganz viel arbeiten. Viel für nicht so viel Geld. Da können sie bald wieder den Kühlschrank neu füllen, ein bisschen wenigstens. Dabei wäre Leo so gern mit den anderen mitgegangen, genau wie später zum Fußballtraining. Doch dafür reicht das Geld nicht ...

   [...]

   Ein Indiz, das fast immer dafür spricht, dass die Kleinen von Armut und daraus folgenden Benachteiligungen betroffen sind, ist, wenn sie kaum am gesellschaftlichen Leben teilnehmen. Dazu gehören Ausflüge in der Freizeit, Ferienlagerbesuche, mal ein Kinobesuch oder das Mitmachen im Verein. [...] Armut ist zugleich ein Mangel an Chancen im Leben.

   Die Ursachen für Kinderarmut in Deutschland sind schnell benannt: Die Eltern, oft alleinerziehend, verdienen zu wenig. Auch Langzeitarbeitslosigkeit zieht oft Armut nach sich. [...] Schließlich haben Eltern mit wenig Geld die selben Kosten für die Grundversorgung ihrer Kinder wie Besserverdienende.

   Quelle: Floeckner, Helke: Armut ist eher leise. In: meinAnzeiger.de, 19.02.2018; abgerufen unter www.meinanzeiger.de/erfurt/c-politik/armut-ist-eher-leise_a75574 [17.06.2019]

   a) Wodurch zeigt sich in dem Text „Ungleichheit"?

   _____
   _____
   _____
   _____

   b) Welche Ursachen für diese Ungleichheit werden benannt?

   _____
   _____
   _____
   _____

III Erscheinungsformen sozialer Ungleichheit im Alltag

3.2 Gruppen

1. Wodurch ist eine Gruppe gekennzeichnet?

   a) _____

   b) _____

   c) _____

2. Erklären Sie die Verhaltensabstufungen einer sozialen Rolle und ergänzen Sie diese mit einem von Ihnen selbst gewählten Beispiel. Das Beispiel ist in der dritten Spalte der Tabelle zu benennen!

Begriff	Erklärung	Beispiel
erforderliches Verhalten		
	nicht notwendiges Verhalten	
verbotenes Verhalten		

3. Ordnen Sie folgende Begriffe entsprechend zu:

   Mann – Mädchen – Europäer – Freund – Frau – Hausfrau – Bruder – Ehepartner – Arzt – Tochter – Mutter

zugeteilte Rolle	erworbene Rolle

© Westermann Gruppe

III Erscheinungsformen sozialer Ungleichheit im Alltag

3.3 Milieus

1. Erklären Sie den Begriff „Milieu" und verdeutlichen Sie den Unterschied zum Begriff „Gruppe".

   Milieu:
   _____
   _____
   _____
   _____
   _____

   Gruppe:
   _____
   _____
   _____

2. Beschreiben Sie Ihr persönliches Milieu, in dem Sie leben.

   _____
   _____
   _____
   _____
   _____
   _____
   _____

3. Begründen Sie anhand von zwei Fakten die Notwendigkeit von Milieuforschung.

   _____
   _____
   _____
   _____
   _____
   _____
   _____
   _____

III Erscheinungsformen sozialer Ungleichheit im Alltag

3.4 Randgruppen/Minderheiten

1. Nennen Sie drei verschiedene Randgruppen der Gesellschaft und beschreiben Sie kurz ihre Merkmale.

2. Warum sind meistens Minderheiten der Gesellschaft Randgruppen?

3. Zwei Argumente:

– „Deutschland benötigt zur Aufrechterhaltung des Wirtschafts- und Sozialgefüges eine Nettozuwanderung von 400.000 Menschen jährlich."

– „Deutschland ist überfremdet (ca. 9 % Ausländeranteil)."

Nehmen Sie zu beiden Aussagen Stellung.

III Erscheinungsformen sozialer Ungleichheit im Alltag

3.4 Randgruppen/Minderheiten

4. Ein Mensch ist körperlich behindert, d. h. an den Rollstuhl gebunden. Er ist voll geschäftsfähig. Versuchen Sie, sich in seine Situation zu versetzen, und beschreiben Sie drei Problembereiche des Alltags, mit denen er sich auseinandersetzen muss. Fügen Sie in Ihre Beschreibung Hilfsmöglichkeiten für diesen Menschen ein.

5. In den Städten und Gemeinden gibt es oft viele leer stehende Wohnungen. Trotzdem gibt es Obdachlosigkeit. Begründen Sie dies an drei Fakten.

6. Warum wird Armut heutzutage von Land zu Land unterschiedlich festgelegt?

7. Nennen Sie drei Folgen von Armut. Begründen Sie eine Folge.

III Erscheinungsformen sozialer Ungleichheit im Alltag

3.5 Chancengleichheit

1. Begründen Sie an einem konkreten Beispiel, warum zur Integration von Randgruppen in die Gesellschaft zuerst die Vorurteile abgebaut werden müssen. Nutzen Sie dazu auch die beiden Spruchweisheiten:
   - „Unwissenheit ist die Amme des Vorurteils." *Josh Billings*
   - „Beurteile den Baum nicht nach seiner Rinde!" *Deutsches Sprichwort*

2. Sie haben in Ihrer Klasse einen ausländischen Mitschüler.

   Nennen Sie vier alltägliche Möglichkeiten der Integrationshilfe.

3. Wie begründet das Grundgesetz die Chancengleichheit als Aufgabe des Staates und welche zwei wesentlichen Aufgaben hat er dabei zu erfüllen?

4. Eine geschiedene Mutter mit drei Kindern ist nicht mehr erwerbstätig. Die elfjährige Tochter geht noch zur Schule, die 16-jährige Tochter beginnt eine Ausbildung zur IT-Systemkauffrau und der 20-jährige Sohn möchte Maschinenbau studieren.
   Nennen Sie die der Familie zustehenden Maßnahmen, über welche die unter Aufgabe 3 genannten Aufgaben umgesetzt werden.

© Westermann Gruppe

IV Jugendliche in Freizeit und Arbeitswelt

4.1 Freizeit

1. Erklären Sie die folgenden Begriffe:

   Arbeitszeit = _____

   _____

   Gebundene Freizeit = _____

   _____

   Freie Zeit = _____

   _____

2. Da das Leben vieler Menschen von betrieblichen Arbeitsabläufen geprägt ist, wird Freizeit als Ausgleichsmöglichkeit immer wichtiger. Warum wird unsere Gesellschaft als „Freizeitgesellschaft" bezeichnet und wo liegen die Ursachen für diese Freizeitgesellschaft?

   _____

   _____

   _____

   _____

   _____

   _____

3. Drei Freundinnen: Katja liebt ihr Smartphone über alles. Sie schaut ständig darauf, chattet rund um die Uhr. Maria und Lisa fühlen sich vernachlässigt. Maria ist gern mit anderen zusammen, aber ihr fehlt das nötige Kleingeld für einen Besuch im Café oder in der Disco. Lisa quält sich stundenlang, weil sie mit dem Computer eine Präsentation erarbeiten soll, aber sie versteht nicht viel vom Computer und kommt ohne Hilfe nicht weiter. Freizeit zusammen gestalten ist für die drei also kaum möglich. Oder doch?

   Beschreiben Sie realisierbare Vorschläge zur gemeinsamen Freizeitgestaltung. Wovon ist Freizeitgestaltung abhängig?

   _____

   _____

   _____

   _____

   _____

   _____

   _____

IV Jugendliche in Freizeit und Arbeitswelt

4.2 Freizeitgestaltung

Füllen Sie den Fragebogen auf dieser Seite aus und vergleichen Sie die Ergebnisse (beispielsweise mittels eines Plakates oder einer Statistik) in der Klasse.

Fragebogen zum Freizeitverhalten

1. Wie alt sind Sie?

2. Sind Sie Schüler oder in der Berufsausbildung (Azubi)?

3. Wie viel Freizeit (in Stunden) haben Sie an einem normalen Schul-/Arbeitstag? Ca. _____ Stunden

4. Was tun Sie in Ihrer Freizeit sehr gerne? Sie können mehrere Antworten ankreuzen.

   - Musik hören ☐
   - Podcats hören ☐
   - ins Kino gehen ☐
   - Bücher lesen ☐
   - Fahrrad fahren ☐
   - Moped/Auto/Motorrad fahren ☐
   - Computerspiele spielen ☐
   - Freizeitzentren besuchen ☐
   - mit Freunden zusammen sein ☐
   - Streamingdienste nutzen ☐
   - selbst Sport treiben ☐
   - Zeitschriften lesen ☐
   - tanzen gehen/Disco ☐
   - chatten ☐
   - fotografieren ☐
   - selbst musizieren ☐

   Ist Ihr Freizeitverhalten vorwiegend „passiv" oder „aktiv"? Worin sehen Sie dafür die Ursache(n)?

   _____
   _____
   _____

5. Kreuzen Sie an, wo Sie Mitglied sind. Oder sind Sie nirgendwo Mitglied?

   - Turn- und Sportverein/Fitnessstudio ☐
   - Fanklub ☐
   - politische Vereinigung ☐
   - Sonstiges ☐
   - Musikverein, Orchester, Chor ☐
   - Freiwillige Feuerwehr o. Ä. ☐
   - Gewerkschaft ☐
   - nirgendwo Mitglied ☐

   Begründen Sie, warum Sie Mitglied oder nicht Mitglied in Vereinigungen sind:

   _____
   _____
   _____
   _____
   _____

IV Jugendliche in Freizeit und Arbeitswelt

4.3 Freizeitgefahr Alltagsdrogen

1. Worin besteht der Zusammenhang zwischen Langeweile/Unzufriedenheit und Abhängigkeit?

   _____
   _____
   _____
   _____
   _____
   _____
   _____

2. Nennen Sie fünf Gründe, warum Sie am nächsten Wochenende keinen Alkohol trinken sollten.

   _____
   _____
   _____
   _____
   _____
   _____
   _____
   _____

3. Erklären Sie den Begriff Alltagsdroge. Worin liegt deren Gefährlichkeit?

   _____
   _____
   _____
   _____
   _____
   _____
   _____

4. Entwerfen Sie einen Slogan gegen Alkohol. (Sie können ihn auch auf ein Plakat malen und in der Klasse aufhängen.)

   _____
   _____
   _____

IV Jugendliche in Freizeit und Arbeitswelt

4.4 Freizeitgefahr illegale Drogen

Drogen – Wirkung und Folgen

	Wirkung	Langzeitfolgen
DOWNER		
Heroin Opium Morphium	lösen Ängste und Spannungen, Desorientierung	psychische und körperliche Abhängigkeit
STIMULANZIEN		
Kokain Speed	Euphorie, Unruhe, Anstieg der Pulsfrequenz	hohes psychisches Abhängigkeitspotenzial
SCHNÜFFELSTOFFE		
Poppers Lachgas Klebstoffe	Erweiterung der Blutgefäße, Rausch mit Glücksgefühl	Hirn- und Nervenschädigung, Leber- und Nierenschädigung
SYNTHETISCHE DROGEN		
Ecstasy MDA MDE	Euphorie, tranceähnliche Zustände	Veränderung des Serotonin-Systems im Gehirn, Depressionen
HALLUZINOGENE		
LSD Pilze	Intensivierung und Verfremdung von Wahrnehmungen	Toleranzbildung, Depressionen und Schizophrenie
ALKOHOL		
Schnaps Wein Bier	Enthemmung, Reaktionsstörung, Aggressivität	psychische und physische Abhängigkeit, Zerstörung von Gehirnzellen
CANNABIS		
Haschisch Marihuana	Gefühlszustände und Sinneseindrücke werden verstärkt	Beeinträchtigung des Kurzzeitgedächtnisses

Entwerfen Sie einen Artikel für die Schülerzeitschrift mit dem Titel „Keine Macht den Drogen".

IV Jugendliche in Freizeit und Arbeitswelt

4.5 Weitere Freizeitgefahren

1. Nehmen Sie Stellung zu der Aussage „Sekten und Demokratie sind nicht vereinbar".

   _____
   _____
   _____

2. Warum haben Jugendsekten Ihrer Meinung nach in den letzten Jahren etwas an Bedeutung verloren?

   _____
   _____
   _____

3.
   ### 23-jähriger nach illegalem Autorennen mit Todesfolge zu lebenslanger Haft verurteilt

   Halten Sie eine schwere Bestrafung bei illegalen Autorennen für sinnvoll? Begründen Sie Ihre Aussage.

   _____
   _____

4. **„Petra ist eine Schlampe."** Was könnten Gründe sein, eine solche Aussage bei Facebook zu posten?

   _____
   _____
   _____
   _____

   Was könnte Petra gegen diesen Eintrag im Internet unternehmen?

   _____
   _____
   _____

IV Jugendliche in Freizeit und Arbeitswelt

4.6 Rechtsstellung Jugendlicher

1. Erklären Sie die folgenden Begriffe:

   Rechtsfähigkeit = _____

   Geschäftsfähigkeit = _____

   Deliktfähigkeit = _____

   Strafmündigkeit = _____

2. Sind die folgenden Personen voll geschäftsfähig, bedingt geschäftsfähig oder geschäftsunfähig? Kreuzen Sie an.

	voll geschäftsfähig	bedingt geschäftsfähig	nicht geschäftsfähig
a) Walter Michel, 36 Jahre, beinamputiert			
b) Christa Kunz, 17 Jahre, Schülerin			
c) Fritz Göllner, 83 Jahre, leidet an Sehschwäche			
d) Peter Dietrich, 5 Jahre			
e) Monika Beyer, 17 Jahre, für volljährig erklärt			
f) Wolf Heimer, 22 Jahre, dauerhaft kränkelnd, psychisch labil/schizophren			

3. Die sechzehnjährige Auszubildende Elvira kauft sich von ihrem in zehn Monaten gesparten Taschengeld einen Fotoapparat zum Preis von 120,00 €. Ihre Mutter ist gegen diesen Kauf und verlangt von dem Geschäftsinhaber, das Gerät zurückzunehmen. Muss der Geschäftsinhaber das Gerät zurücknehmen?

   Antwort: _____

   Begründung: _____

4. Der sechsjährige Klaus soll im Auftrag seiner Mutter beim Bäcker Brötchen kaufen. Die Verkäuferin weigert sich, dem Jungen die Brötchen zu verkaufen und beruft sich dabei auf die Geschäftsunfähigkeit des Jungen. Hat die Verkäuferin recht?

   Antwort: _____

   Begründung: _____

© Westermann Gruppe

IV Jugendliche in Freizeit und Arbeitswelt

4.7 Jugendschutz

1. Warum müssen Kinder und Jugendliche besonders geschützt werden?

   _____
   _____
   _____
   _____
   _____
   _____

2. Kreuzen Sie an, über was es eine Regelung im Jugendschutzgesetz gibt.

	ist geregelt	ist nicht geregelt
a) Abgabe und Verzehr von Alkohol		
b) Besuch der Kirche		
c) Anwesenheit in Spielhallen		
d) Besuch der Schule		
e) Rauchen in der Öffentlichkeit		
f) Aufenthalt in Gaststätten		
g) Abgabe von Videokassetten und DVDs		
h) Mithilfe im Haushalt		

3. Schreiben Sie eine Kurzgeschichte mit dem Thema „Peters Wochenende – fünf Verstöße gegen das Jugendschutzgesetz".

   _____
   _____
   _____
   _____
   _____
   _____
   _____
   _____

IV Jugendliche in Freizeit und Arbeitswelt

4.8 Jugendkriminalität

1. Ist es Ihrer Meinung nach richtig, dass Kinder und Jugendliche von der Justiz anders behandelt werden als Erwachsene? Begründen Sie Ihre Meinung.

2. Nennen Sie fünf mögliche Ursachen, die Jugendliche zu kriminellen Handlungen verleiten können.

3. Stellen Sie sich vor, Sie seien Augenzeuge der auf dem Bild dargestellten Szene. Überlegen Sie sich, wie es zu der Situation kommen konnte, und beschreiben Sie den möglichen Ablauf der vorangegangenen Ereignisse.

IV Jugendliche in Freizeit und Arbeitswelt

4.9 Jugendstrafrecht

1. Ergänzen Sie den folgenden Text. Verwenden Sie dabei folgende Begriffe:

Erziehungsmaßnahmen – Freiheitsstrafe – Gesellschaft – Jugendarrest – Jugendlichen – Jugendstrafe – Jugendstrafrecht – Ordnung – Resozialisierung – Schuld – Straftat – Verbrechen – Weisungen – Zuchtmittel

In jeder Form menschlichen Zusammenlebens muss es eine bestimmte _____ geben. Verstößt man dagegen, begeht man eine _____ . Jugendliche müssen sich dann nach einem besonderen Strafrecht verantworten: dem _____ . Die Jugendgerichtsbarkeit kennt verschiedene Maßnahmen im Zusammenhang mit der Straftat eines _____ . So können zum einen _____ angeordnet werden, d. h., dem Jugendlichen werden _____ für die Lebensführung erteilt. Zum anderen können auch sogenannte _____ angewendet werden (z. B. _____). Erst wenn beide Maßnahmen nicht ausreichen oder wenn besonders schwere _____ vorliegt, wird _____ verhängt. Gemeint ist damit eine _____ für Jugendliche, die mindestens sechs Monate und höchstens fünf Jahre dauert, bei schweren _____ sogar bis zu zehn Jahre. Wichtig jedoch ist, dass Strafe allein nicht ausreicht, sondern dafür Sorge getragen wird, dass der Jugendliche wieder in die _____ integriert wird. Man spricht dabei von _____ .

2. Tagebuchaufzeichnung verschiedener Jugendstraftäter über ihre Haftzeit.

> „Das ordentliche und anständige Leben beginnt beim regelmäßigen Kleiderwechsel und endet beim geregelten Tagesablauf, dazwischen liegt nichts. Die Vollzugsanstalten gewöhnen ihre Insassen an Regelmäßigkeiten, an mehr aber auch nicht."
>
> „Das Fehlen jeglicher Abwechslung ist es, das einen langsam, aber sicher trübsinnig werden lässt. Man stumpft vollkommen ab."
>
> „Die Haftanstalt war für mich eine Schule des Verbrechens, ich habe gelernt, wie man Schlösser und Tresore öffnen kann, wie man eine Erpressung vorbereitet und vor allem, wie man es besser machen kann, um nicht erwischt zu werden."

Sollte man Haftstrafen für Jugendliche abschaffen? Begründen Sie Ihre Antwort.

_____
_____
_____
_____
_____
_____
_____

IV Jugendliche in Freizeit und Arbeitswelt

4.10 Jugendarbeitslosigkeit

1. Bericht des Auszubildenden Frank M.:

   „Ich bin jetzt am Anfang des dritten Lehrjahres. Meine Ausbildung zum KFZ-Mechatroniker macht mir richtig Spaß. Aber seit einem halben Jahr weiß ich, dass ich nach der Ausbildung nicht übernommen werde. Seit der Zeit ist bei mir die Luft raus. Ich habe keine Lust mehr zum Lernen und bin deshalb in der Berufsschule in den meisten Fächern abgesackt. Na ja, die Prüfung werde ich wohl gerade so schaffen. Wie es dann weitergeht, weiß ich noch nicht. Darum werde ich mich kümmern, wenn ich arbeitslos bin."

   a) Welche Fehler macht Frank?

   b) Welche Ratschläge würden Sie Frank geben?

2. Wodurch können junge Menschen ihre Chancen auf dem Arbeitsmarkt verbessern?

© Westermann Gruppe

V Gesellschaft im Wandel

5.1 Die Agrargesellschaft (Ständegesellschaft)

1. Setzen Sie von den folgenden Begriffen diejenigen ein, die den Lückentext sinnvoll ergänzen: *absteigen – Adel – Agrargesellschaft – Arbeiter – aufsteigen – Bauern – Beamten – Geburt – geschlossenen – gesellschaftlicher Stand – Stellung – gottgegeben – Handwerker – Kaufleute – offenen – Schicht – Tod – Unternehmer*

In der _____ Gesellschaft wurde ein Mensch bei seiner _____ einer bestimmten Klasse zugeordnet, wodurch sein _____ vorbestimmt war. Denn die Zugehörigkeit zu diesem Stand, bei der er kaum in eine höhere Klasse _____ konnte, bestimmte seine berufliche Tätigkeit und damit seine _____ in der Gesellschaft sowie seine Lebensführung. Der _____ bildete die schmale Spitze des gesellschaftlichen Aufbaus; rangniedriger waren die meisten _____ und die große Anzahl der _____ . _____ waren zwar zahlenmäßig die stärkste Gruppe, bildeten jedoch den Schluss in der Rangskala. So waren die meisten Menschen der _____ fest eingeordnet in dieser Gesellschaft. Da man dies als selbstverständlich und _____ ansah, wollte und konnte man diese Ordnung nicht verändern.

2. Schreiben Sie die wesentlichen Merkmale der Agrargesellschaft, die in dem folgenden Text stehen, heraus. Stellen Sie diesen die Merkmale der heutigen Gesellschaft gegenüber.

> Die Rechte des Menschen entstehen durch seine Geburt, durch seinen Stand und durch Handlungen und Gegebenheiten, mit welchen eine bestimmte Wirkung der Gesetze verbunden ist. Wer zum Bauernstand gehört, darf, ohne Erlaubnis des Staates, weder selbst ein bürgerliches Gewerbe betreiben, noch seine Kinder dazu widmen.
> Untertanen dürfen das Gut, zu welchem sie geschlagen sind, ohne Bewilligung ihrer Grundherrschaft nicht verlassen. Untertanen sind bei ihrer vorhabenden Heirat die herrschaftliche Genehmigung nachzusuchen verbunden. Die Kinder aller Untertanen, welche in fremde Dienste gehen wollen, müssen sich zuvor der Herrschaft zum Dienen anbieten. Der Zunftzwang besteht in dem Rechte, die Treibung eines zunftmäßigen Gewerbes, innerhalb des der Zunft angewiesenen Destrikts, allen, welche weder zur Zunft gehören, noch vom Staate besonders privilegiert sind, zu untersagen.

Quelle: Informationen zur politischen Bildung, Heft Nr. 163, hrsg. von Bundeszentrale für politische Bildung, Bonn, 1975, S. 4

Merkmale der Agrargesellschaft	Merkmale der Gesellschaft der Bundesrepublik
1.	1.
2.	2.
3.	3.
4.	4.
5.	5.

V Gesellschaft im Wandel

5.2 Von der Agrar- zur Industriegesellschaft

1. Erklären Sie folgende Begriffe:

   Industrielle Revolution = _____

   _____

   Bauernbefreiung = _____

   _____

   Gewerbefreiheit = _____

   _____

   Freie Marktwirtschaft = _____

   _____

2. Welche Auswirkungen hatten die wichtigen Erfindungen:

   Dampfmaschine (1769, Watt): _____

   _____

   _____

   Lokomotive (1814; Stevenson): _____

   _____

   _____

   Gussstahl (1815, Krupp): _____

   _____

3. Stellen Sie fest, welche Veränderungen Ihre Region in der Zeit der Industrialisierung durchgemacht hat.

   _____

   _____

   _____

   _____

   _____

   _____

   _____

   _____

© Westermann Gruppe

V   Gesellschaft im Wandel

5.3   Die Klassengesellschaft im 19. Jahrhundert

1. Erklären Sie die Begriffe

    a) Klassengesellschaft des 19. Jahrhunderts: _____
    _____
    _____
    _____

    b) Kapitalisten: _____
    _____
    _____
    _____

    c) Proletarier: _____
    _____
    _____
    _____

2. Zwei Probleme der Klassengesellschaft werden nachfolgend dargestellt. Beschreiben Sie, welche Folgen Sie für die Betroffenen sehen.

    a) Problem: Landflucht – Schlafgänger
    Beim Wandel vom Agrar- zum Industriestaat im letzten Drittel des 19. Jahrhunderts, zogen viele Menschen vom Land in die Stadt. Um diesen Menschen eine Unterkunft bieten zu können, baute man Mietshäuser mit relativ kleinen Wohnungen. Oft bestanden sie nur aus Küche, Wohnzimmer und Schlafraum. Um die Miete bezahlen zu können, wurde die „Gute Stube" oft an sogenannte Schlafgänger vermietet. Das waren Menschen, die sich nur zum Schlafen in der Wohnung aufhalten durften. Sie hatten normalerweise keinen Familienanschluss und durften die restlichen Räumlichkeiten nicht nutzen.

    _____
    _____
    _____

    b) Problem: Kinderarbeit

    _____
    _____
    _____
    _____
    _____

V Gesellschaft im Wandel

5.4 Neue Technologien

1. Welche neuen Technologien nutzen Sie

   a) privat: _____

   _____

   _____

   b) in Ihrem Ausbildungsbetrieb: _____

   _____

   _____

2. Welche Vorteile hat die Digitalisierung von Bildern, Texten und Tönen?

   a) _____

   b) _____

   c) _____

3. Erklären Sie die folgenden Begriffe aus dem Bereich der Zukunftstechnologien mithilfe einer Internetrecherche.

   a) *Haussteuerung:* _____

   _____

   _____

   b) *Datenbrille:* _____

   _____

   _____

   c) *mobiles Bezahlen:* _____

   _____

   _____

4. Was erwarten Sie an neuen Technologien in den nächsten 20 Jahren?

   _____

   _____

   _____

   _____

   _____

© Westermann Gruppe

V Gesellschaft im Wandel

5.5 Wandel der Berufswelt

1. Nennen Sie drei Berufe, die sich in den letzten Jahren bedingt durch die Entstehung neuer Technologien a) wesentlich verändert haben, und drei Berufe, die b) neu entstanden sind.

   a) _____
   _____
   _____

   b) _____
   _____
   _____

2. Stellen Sie einen Arbeitsgang aus Ihrem Ausbildungsberuf so, wie er früher durchgeführt wurde, dem heutigen Ablauf gegenüber.

früher	heute

3. Nennen Sie je zwei Veränderungen

   a) in der Produktion: _____
   _____

   b) in der Verwaltung: _____
   _____

   c) im Handel/Dienstleistungen: _____
   _____

V Gesellschaft im Wandel

5.6 Veränderung des Privatlebens

1. Beschreiben Sie, wie Sie im privaten Bereich neue Technologien nutzen.

   _____
   _____
   _____
   _____
   _____
   _____

2. Nennen Sie je zwei Beispiele für Veränderungen im privaten Bereich durch neue Technologien.

   a) beim Einkaufen: _____

   _____

   b) beim Informieren: _____

   _____

   c) bei der Unterhaltung: _____

   _____

   d) bei Bankgeschäften: _____

   _____

3. Welche der nachfolgenden Erfindungen, die vielleicht in Zukunft in unserem Privatleben an Bedeutung gewinnen, halten Sie für sich persönlich für wichtig oder nicht? Begründen Sie Ihre Entscheidung.

	wichtig	unwichtig
a) Haushaltsroboter	☐	☐

   Begründung: _____

   _____

   | b) verbesserte Spracheingabe am Computer | ☐ | ☐ |

   Begründung: _____

   _____

   | c) Altenpflege durch Roboter | ☐ | ☐ |

   Begründung: _____

   _____

© Westermann Gruppe

V Gesellschaft im Wandel

5.7 Veränderung des öffentlichen Lebens

1. Schreiben Sie auf, wie Sie sich die Schule der Zukunft vorstellen, bei der die Möglichkeiten, die die neuen Technologien bieten, umgesetzt sind.

   _____
   _____
   _____
   _____
   _____
   _____
   _____

2. Nehmen Sie Stellung zu der Aussage „Die Schule der Zukunft kommt ohne Lehrer aus".

   _____
   _____
   _____
   _____
   _____
   _____
   _____

3. Welche der nachfolgenden Erfindungen, die vielleicht in Zukunft in unserem politischen Leben an Bedeutung gewinnen, halten Sie für sich persönlich für wichtig oder nicht? Begründen Sie Ihre Entscheidung.

	wichtig	unwichtig
a) Wahlkampf über Internet	☐	☐

   Begründung: _____
   _____

b) Wählen durch Stimmabgabe per Computer/Smartphone	☐	☐

   Begründung: _____
   _____

c) Volksbefragung per Computer/Smartphone	☐	☐

   Begründung: _____
   _____

V Gesellschaft im Wandel

5.8 Chancen und Risiken neuer Technologien

1. Welche Gefahren bestehen bei einer Veränderung der Arbeitswelt durch neue Technologien?

   _____
   _____
   _____
   _____
   _____
   _____

2. Welche Chancen bestehen bei einer Veränderung des öffentlichen Lebens durch neue Technologien?

   _____
   _____
   _____
   _____
   _____
   _____

3. Lesen Sie den folgenden Text und kennzeichnen Sie anschließend, welche Chancen und Gefahren für das Privatleben darin beschrieben werden.

   Peter M., 16 Jahre und Auszubildender, kommt nach acht Stunden in seinem Ausbildungsbetrieb nach Hause. Nachdem er mit der Familie zu Abend gegessen hat, schauen seine Eltern die Nachrichten im Fernsehen. Peter hat die wichtigsten Informationen im Laufe des Tages bereits auf seinem Smartphone abrufen können. Er startet seinen Computer. Zuerst schaut er einmal nach, was es in den sozialen Netzwerken an Neuigkeiten gibt. Ein Facebookfreund aus Singapur hat berichtet, wie er die Woche verbracht hat. Er antwortet ihm sofort.

   Anschließend surft Peter noch etwas im Netz. Er findet eine Seite, auf der Rechtsradikale zu Gewalt gegen Ausländer aufrufen. Das ärgert ihn und er beginnt, sein neues Computerspiel zu spielen. Nach drei Stunden hat er endlich die Gegner im Spiel besiegt und er kann ins Bett gehen.

   Chancen:

   _____
   _____
   _____

   Risiken:

   _____
   _____
   _____

VI Grundlagen des demokratischen Staates

6.1 Das Demokratieverständnis des Grundgesetzes

Das Fundament der staatlichen Ordnung

Fügen Sie die Textbausteine in der richtigen Reihenfolge zusammen. Um welchen Artikel handelt es sich?

Die Bundesrepublik Deutschland   und durch besondere Organe   und die Rechtsprechung   Bundesstaat.   Volke aus   der es unternimmt,   ist ein   haben alle Deutschen   in Wahlen und Abstimmungen   Alle Staatsgewalt   die verfassungsmäßige Ordnung,   gebunden.   sind   demokratischer und sozialer   das Recht zum Widerstand,   die vollziehende Gewalt   diese Ordnung zu beseitigen,   Die Gesetzgebung   und der Rechtsprechung   geht vom   wenn andere Abhilfe   der vollziehenden Gewalt   Gegen jeden,   an Gesetz und Recht   der Gesetzgebung,   ist an   nicht möglich ist.   vom Volke   ausgeübt.   Sie wird

Artikel: _____ Abs. (_____)   **Ein kleiner Hinweis:** Hier geht es um die Grundlagen unserer staatlichen Ordnung und ein ganz wichtiges Recht.

[_____]

(1) _____

(2) _____

(3) _____

(4) _____

VI Grundlagen des demokratischen Staates

6.2 Die Staatsorgane der Bundesrepublik Deutschland – der Bundestag

Lösen Sie das Kreuzworträtsel.

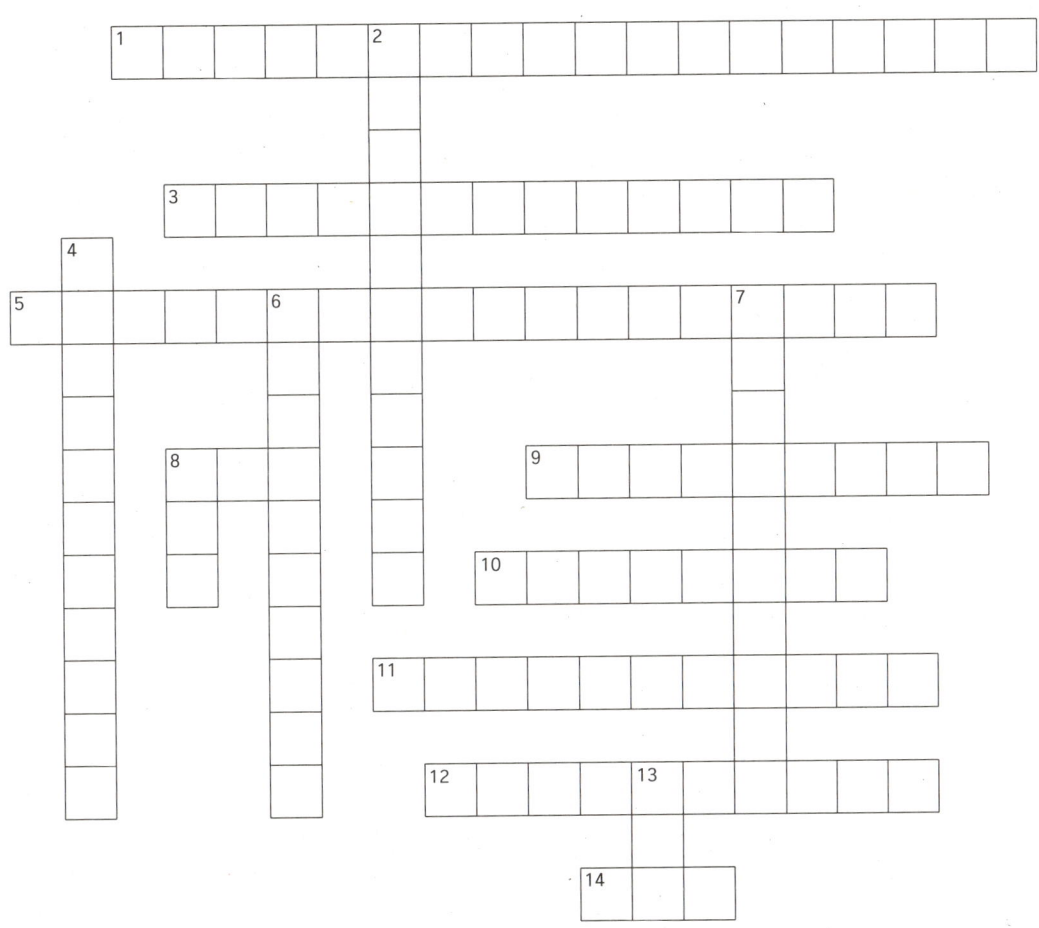

Hinweis: Umlaut = 2 Buchstaben

waagerecht:

1. Ausschuss des Bundestages, der Bitten und Beschwerden bearbeitet
3. wird vom Bundestag gewählt
5. gemeinsame Haltung von Abgeordneten einer Partei bei Entscheidungen
8. Christlich-Demokratische Union (Abk.)
9. Organ der Gesetzgebung
10. Abgeordnete im Bundestag, die der gleichen Partei angehören
11. Gremien, die Vorarbeiten für die Bundestagssitzungen leisten
12. Parteien, die nicht an der Regierung beteiligt sind
14. Freie Demokratische Partei (Abk.)

senkrecht:

2. Straflosigkeit des Abgeordneten für Äußerungen im Parlament
4. mündliche Anfrage an die Bundesregierung durch einzelne Abgeordnete
6. Schutz des Abgeordneten vor Verfolgung wegen einer Straftat
7. Leiter der Bundestagssitzungen
8. Christlich-Soziale Union (Abk.)
13. Sozialdemokratische Partei Deutschlands (Abk.)

VI Grundlagen des demokratischen Staates

6.3 Die Staatsorgane der Bundesrepublik Deutschland – der Bundesrat

1. Nennen Sie die 16 Bundesländer, ihre Hauptstädte und die Mitgliederzahl (Stimmenzahl), die das jeweilige Bundesland im Bundesrat hat.

Bundesland	Hauptstadt	Stimmenzahl

2. Nennen Sie jeweils drei Aufgaben des Bundesrates

   a) aus dem Gesetzgebungsbereich:

   b) aus dem Bereich der Mitwirkung bei der Verwaltung:

VI Grundlagen des demokratischen Staates

6.4 Die Staatsorgane der Bundesrepublik Deutschland – der Bundespräsident

1. Nennen Sie alle Bundespräsidenten der Bundesrepublik Deutschland, ihre Parteizugehörigkeit und ihre jeweilige Amtszeit.

Bundespräsident	Partei	Amtszeit

2. Füllen Sie den Lückentext aus, indem Sie folgende Begriffe richtig einsetzen:

Bundesversammlung – Minister – repräsentiert – Wahlrecht – nur einmal – fünf – Bundesversammlung – Mitgliedern des Bundestages   Bundestag – 40. – Bundesrates – Länderparlamenten – Bundesgesetze – Deutsche – Bundeskanzler

Der Bundespräsident

Der Bundespräsident wird von der _____ für _____ Jahre gewählt. Eine anschließende Wiederwahl ist _____ zulässig. Wählbar ist jeder _____, der das _____ zum Bundestag besitzt und das ____ Lebensjahr vollendet hat. Zu seiner Wahl tritt die _____, die größte parlamentarische Versammlung der Bundesrepublik Deutschland, zusammen. Sie besteht aus den _____ _____ (598) und einer gleichen Anzahl von Mitgliedern, die von den _____ gewählt werden. Gewählt ist, wer die Stimmen der Mehrheit der Mitglieder der Bundesversammlung erreicht.

Die Befugnisse des Bundespräsidenten werden im Falle seiner Verhinderung vom Präsidenten des _____ wahrgenommen. Zu den Aufgaben des Bundespräsidenten gehört: Er _____ die Bundesrepublik Deutschland nach innen und außen, er fertigt _____ aus und verkündet sie, er schlägt dem _____ den Bundeskanzler vor und ernennt und entlässt auch den _____ und seine _____.

VI Grundlagen des demokratischen Staates

6.5 Die Staatsorgane der Bundesrepublik Deutschland – die Bundesregierung

1. Kreuzen Sie die richtigen Antworten an (mehrere richtige Antworten sind möglich).

   1. Die Bundesregierung besteht
      a) aus allen Abgeordneten des Bundestages und dem Kanzler .... ☐
      b) aus dem Fraktionsführer der stärksten Partei und dem Kanzler .... ☐
      c) aus den Bundesministern und dem Bundeskanzler .... ☐
      d) aus dem Bundestagspräsidenten und dem Ältestenrat .... ☐

   2. Die Bundesregierung ist ein Organ
      a) der Gesetzgebung (Legislative) .... ☐
      b) der vollziehenden Gewalt (Exekutive) .... ☐
      c) der Rechtsprechung (Judikative) .... ☐

   3. Die Bundesregierung hat folgende Aufgaben:
      a) sie gestaltet und lenkt die Politik der Bundesrepublik Deutschland .... ☐
      b) sie ist zuständig für die Ausführung der Bundesgesetze .... ☐
      c) sie kann verfassungsändernde Gesetze verhindern .... ☐
      d) sie kann den Bundestag auflösen .... ☐
      e) sie kann an den Beratungen des Bundestages und des Bundesrates teilnehmen .... ☐
      f) sie kann beim Bundestag Gesetzesvorlagen einbringen .... ☐
      g) sie bestimmt die Richter des Bundesverfassungsgerichts .... ☐

   4. Der Bundeskanzler
      a) wird auf Vorschlag des Bundespräsidenten vom Bundestag mit absoluter Mehrheit gewählt ..... ☐
      b) wird von der wahlberechtigten Bevölkerung gewählt .... ☐
      c) schlägt dem Bundespräsidenten die Minister zur Ernennung vor .... ☐
      d) bestimmt die Richtlinien der Politik und ist allein dafür verantwortlich .... ☐

   5. Die Bundeskanzler der Bundesrepublik Deutschland waren (sind):
      a) Hans Dietrich Genscher .... ☐   g) Willy Brandt .... ☐
      b) Helmut Kohl .... ☐   h) Franz Josef Strauß .... ☐
      c) Kurt Georg Kiesinger .... ☐   i) Ludwig Erhard .... ☐
      d) Richard von Weizsäcker .... ☐   j) Helmut Schmidt .... ☐
      e) Konrad Adenauer .... ☐   k) Walter Scheel .... ☐
      f) Angela Merkel .... ☐   l) Gerhard Schröder .... ☐

2. Die Zusammenarbeit zwischen dem Bundeskanzler und den Bundesministern ist durch drei Grundprinzipien gekennzeichnet. Nennen und erläutern Sie diese.

_____

_____

_____

_____

_____

_____

_____

_____

VI Grundlagen des demokratischen Staates

6.6 Der Gesetzgebungsprozess

1. Füllen Sie die Lücken in dem Schaubild.

2. Tragen Sie die folgenden Grundgesetzartikel an der richtigen Stelle in die Leerfelder ein:

   76 (1) – 76 (2,3) – 77 (1) – 77 (2) – 77 (2a) – 77 (3) – 77 (4) – 78 – 79 (2) – 82

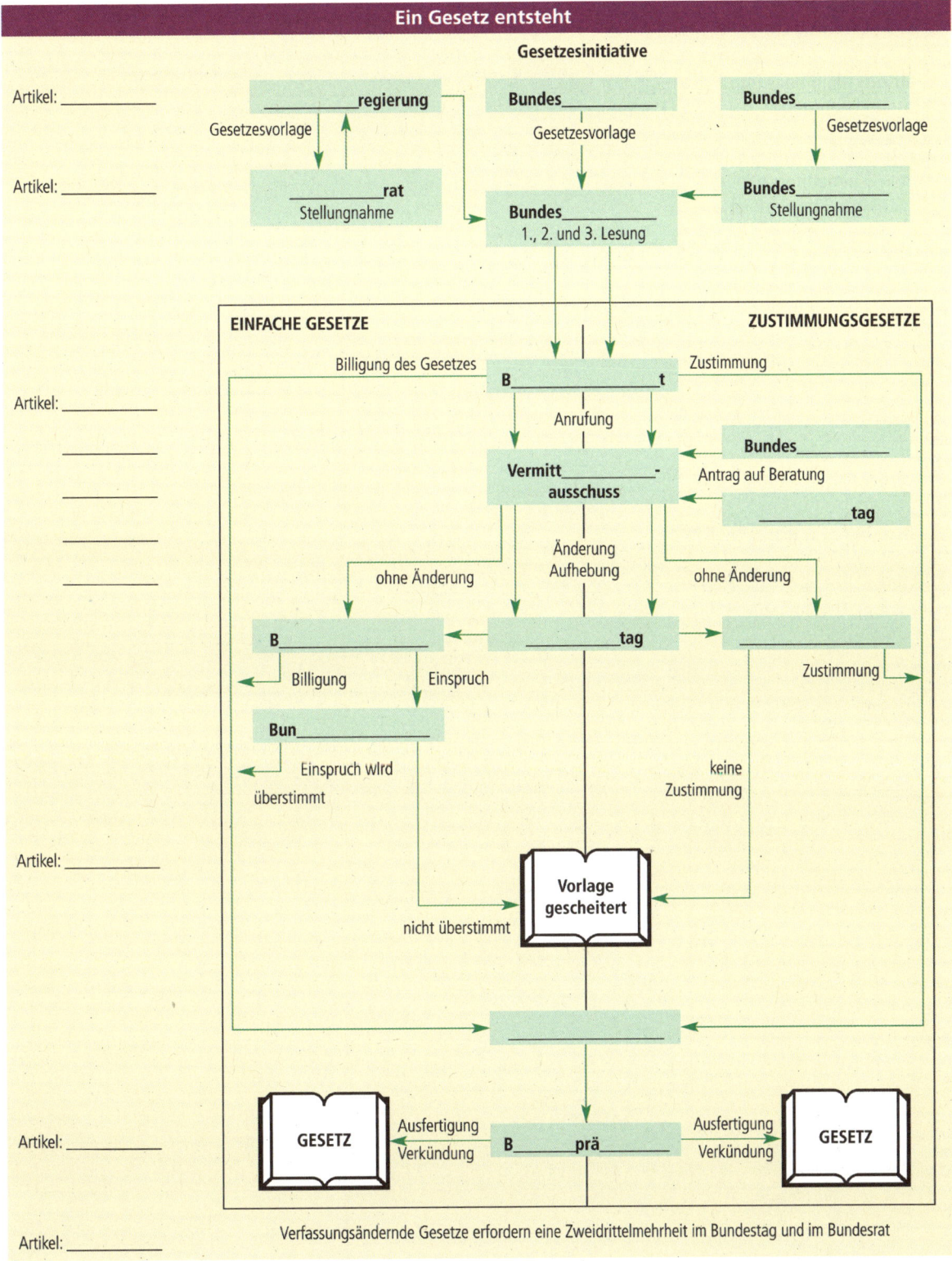

VI Grundlagen des demokratischen Staates

6.7 Möglichkeiten der Mitwirkung am politischen Leben

Ordnen Sie die Begriffe den richtigen Ebenen zu.

(**Hinweis:** Wenn Sie einen Begriff bei mehreren Ebenen eintragen, begründen Sie Ihre Meinung.)

Bürgerentscheid – Einwohnerversammlung – Vereinigungs- und Koalitionsfreiheit – Jugendparlament – Volksentscheid – Parteien – Einwohnerantrag (Bürgerinitiative) – Anrufung des Petitionsausschusses – Bürgerbegehren – Wahlen – Anrufung des Bürgerbeauftragten – Einwohnerfragestunde – Volksbegehren – Klage vor einem Verwaltungsgericht – Widerspruchsrecht gegen kommunale Entscheidungen

Bundesebene	Landesebene	Kommunalebene

VI Grundlagen des demokratischen Staates

6.8 Parteien und Verbände

1. Was sagt Art. 21 Grundgesetz über die Tätigkeit der Parteien?

   _____

2. Wie heißt das Gesetz, das nähere Auskunft über Parteien gibt?

   _____

3. Definieren Sie den Begriff Partei.

   _____
   _____

4. Parteien finanzieren sich durch

   a) private Mittel, nämlich _____

   b) staatliche Mittel, nämlich _____

5. Nennen Sie drei Beispiele, wie eine Partei Einfluss auf die politische Willensbildung nehmen kann.

   1. _____
   2. _____
   3. _____

6. Wie heißen die im Bundestag vertretenen Parteien?

   _____

7. Welche der Bundestagsparteien sind derzeit Regierungsparteien und welche sind in der Opposition?

   Regierungsparteien: _____

   Opposition: _____

8. Nennen Sie drei Interessenverbände.

   _____
   _____

9. Nennen Sie drei Bereiche, in denen Bürgerinitiativen häufig tätig sind.

   _____

© Westermann Gruppe

VI Grundlagen des demokratischen Staates

6.9 Wahlen – am Beispiel der Wahlen zum Deutschen Bundestag

Erklären Sie das Wahlverfahren zur Wahl des Deutschen Bundestages. Verwenden Sie dabei folgende Begriffe, die Sie zunächst in eine sinnvolle Reihenfolge bringen sollten:

Einteilung des Bundesgebietes in 299 Wahlkreise – allgemeine, unmittelbare, freie, gleiche, geheime Wahl – Kombination aus Mehrheits- und Verhältniswahlrecht – Erststimme – Zweitstimme – Fünfprozentklausel – Wahlkreiskandidaten – Landeslisten der Parteien – 299 Abgeordnete – 598 Abgeordnete – maßgebliche Bedeutung der Zweitstimme

VI Grundlagen des demokratischen Staates

6.10 Wahlen in Thüringen

1. Ergänzen Sie den folgenden Lückentext:

    In den thüringischen Landtag werden _____ Abgeordnete auf _____ Jahre gewählt. Das Wahlgebiet ist in _____ Wahlkreise eingeteilt. In diesen Wahlkreisen werden _____ Abgeordnete nach dem _____-Wahlprinzip in den Landtag gewählt. Die restlichen _____ Abgeordneten werden nach den Grundsätzen der _____-Wahl über Landes-_____ der Parteien gewählt.

2. In einer Ortsgemeinde ist der Gemeinderat mit sechs Ratsmitgliedern zu wählen. Prüfen Sie bei den Beispielen, ob die Stimmabgabe gültig oder ungültig ist, und begründen Sie Ihre Entscheidung.

Wahlvorschlag 1 — X-Partei ( )
1. Wagner, Helmut — X
2. Krämer, Norbert — X
3. Lottner, Klara — X
4. Schwaab, Franz — X
5. Jäger, Ulrike — X
6. Meckes, Albert — X

Wahlvorschlag 2 — Y-Partei ( )
1. Vogt, Sieglinde
2. Schreiber, Maria
3. Molitor, Hans
4. Jung, Max, Dr.
5. Schmitz, Walter
6. Engelmann, Gerda — X

Wahlvorschlag 3 — Z-Partei ( )
1. Böhm, Otto
   Böhm, Otto
   Böhm, Otto
2. Back, Marianne
   Back, Marianne
3. Glaser, Anna

[ ] gültig   [ ] ungültig

Begründung:

_____

_____

_____

Wahlvorschlag 1 — X-Partei (X)
1. Wagner, Helmut
2. Krämer, Norbert
3. Lottner, Klara
4. Schwaab, Franz
5. Jäger, Ulrike
6. Meckes, Albert

Wahlvorschlag 2 — Y-Partei (X)
1. Vogt, Sieglinde
2. Schreiber, Maria
3. Molitor, Hans
4. Jung, Max, Dr.
5. Schmitz, Walter
6. Engelmann, Gerda

Wahlvorschlag 3 — Z-Partei ( )
1. Böhm, Otto
   Böhm, Otto
   Böhm, Otto
2. Back, Marianne
   Back, Marianne
3. Glaser, Anna

[ ] gültig   [ ] ungültig

Begründung:

_____

_____

_____

© Westermann Gruppe

VI Grundlagen des demokratischen Staates

6.11 Aktuelle Probleme der Demokratie

1. Erstellen Sie mithilfe des Fragebogens ein Meinungsbild Ihrer Klasse zur politischen Einstellung.

2. Ergänzen Sie die Sätze um neue Themenbereiche, die Ihnen wichtig erscheinen.

3. Werten Sie die Ergebnisse in einer grafischen Darstellung aus.

Klasse: _____

Alter: _____   männlich ◯   weiblich ◯

	trifft zu	trifft nicht zu
In der Politik geschieht selten etwas, was den kleinen Leuten nützt.		
Es ist wichtig, dass man sich in der Politik engagiert.		
Die Bevölkerung wird von den Politikern oft betrogen.		
Ich verfolge Politik regelmäßig in den Medien.		
Die Abgeordneten interessieren sich kaum für die Probleme von jungen Leuten.		
Ich bin in einer politischen Organisation.		
Ich würde mich eher in einer Bürgerinitiative engagieren als in einer Partei.		
…		
…		

VII Menschenrechte – Grundlage der Freiheit

7.1 Menschenrechte

ZITATE zu den Menschenrechten

Im Folgenden finden Sie einige Zitate zu den Menschenrechten. Überlegen Sie zu jedem einzelnen Zitat, ob Sie diesem zustimmen bzw. ob Sie es ablehnen.

Begründen Sie mit wenigen Worten Ihre Antwort.

„Jede einzelne Person hat Anspruch auf alle Rechte: auf politische, wirtschaftliche, soziale und kulturelle Rechte. Egal wo sie wohnen. Unabhängig von Rasse, ethnischer Zugehörigkeit, Religion, sozialer Herkunft, Geschlecht, sexueller Orientierung, politischer oder anderer Meinung, Behinderung oder Einkommen oder einem anderen Status."
(António Guterres, ehemaliger UN-Generalsekretär)
Quelle: António Guterres: Erklärung zum Tag der Menschenrechte, UNRIC – Regionales Informationszentrum der Vereinten Nationen 10.12.2019. https://unric.org/de/101219-menschenrechte/ [21.09.2020]

„Ungerechtigkeit an irgendeinem Ort bedroht die Gerechtigkeit an jedem anderen."
(Martin Luther King, amerikanischer Bürgerrechtler)
Quelle: King, Martin Luther: Warum wir nicht warten können. Union Verlag, Berlin 1967

„Wir brauchen eine Strategie zur Bekämpfung des Terrorismus, die nicht ein bloßes Lippenbekenntnis zur Verteidigung der Menschenrechte beinhaltet, sondern sich auf diese gründet ... Die Staaten können jedoch diese Verpflichtung nicht erfüllen, wenn sie dabei selbst die Menschenrechte verletzen. Dies zu tun, bedeutet, die moralische Überlegenheit aufzugeben [...]"
(Kofi Annan, ehemaliger UN-Generalsekretär)
Quelle: Nobel Lecture delivered by Kofi Annan, United Nations Secretary-General, New York, 10.12.2001. https://www.un.org/sg/en/content/sg/speeches/2001-12-10/nobel-lecture-delivered-kofi-annan [21.09.2020]

„Ohne Schutz der Menschenrechte ist Demokratie nicht denkbar. Die Geltung der Menschenrechte ist deswegen ein Weg zum Frieden."
(Johannes Rau, ehemaliger Bundespräsident der Bundesrepublik Deutschland)
Quelle: Ansprache anlässlich eines Abendessens für den Generalsekretär der Vereinten Nationen, Kofi Annan, Berlin, 03.07.2000. https://www.bundespraesident.de/SharedDocs/Zitate/DE/Johannes-Rau/2000/07/20000703_Zitat.html [21.09.2020]

„Wer wesentliche Freiheit aufgeben kann, um eine geringfügige [...] Sicherheit zu bewirken, verdient weder Freiheit, noch Sicherheit."
(Benjamin Franklin, amerikanischer Staatsmann)
Quelle: Dr. Benjamin Franklin's nachgelassene Schriften und Correspondenz, nebst seinem Leben. Band 3. Franklin's Leben ersten Theil enthaltend. Verlag des Landes-Industrie Comptoirs, Weimar 1818, S. 442.

VII Menschenrechte – Grundlage der Freiheit

7.2 Die Gefahr der Missachtung der Menschenrechte in der Bundesrepublik Deutschland

1. Welche Artikel des Grundgesetzes garantieren diese hier genannten Grundrechte?

   Tragen Sie die entsprechende Nummer des Artikels mithilfe des Grundgesetzes ein.

GRUNDRECHTE	
Recht auf freie Meinungsäußerung ____	Recht auf freie Berufswahl ____
Schutz der Menschenwürde ____	Rechtliches Gehör und Verbot rückwirkender Strafgesetze ____
Schutz der Ehe und Familie ____	Petitionsrecht ____
Gleichheit vor dem Gesetz ____	Unverletzlichkeit der Wohnung ____
Vereinigungsfreiheit ____	Recht auf gesetzlichen Richter ____
Recht auf Freizügigkeit ____	Versammlungsfreiheit ____
Recht auf Eigentum ____	Schutz vor Verlust der Staatsbürgerschaft und Asylrecht ____
Glaubens-, Gewissens- und Bekenntnisfreiheit ____	Schutz vor willkürlicher Verhaftung ____
Freie Entfaltung und Unverletzlichkeit der Person ____	Unverletzlichkeit des Brief-, Post- und Fernmeldegeheimnisses ____
Gleicher Zugang zu einem öffentlichen Amt ____	

2. Ergänzen Sie die Lücken des folgenden Textes sinnvoll:

   Das _____ garantiert die wesentlichen Menschenrechte. Dies allein ist aber noch keine Garantie für ihre _____. Jeden Tag ereignen sich Fälle, die gegen die _____ verstoßen. Dazu gehören u. a. _____ und _____ genauso wie die _____ von Mann und Frau. Deshalb muss jeder Einzelne auch in seiner Umgebung auf die _____ achten.

VII Menschenrechte – Grundlage der Freiheit

7.3 Rechtliche Sicherung der Menschenrechte – Grundgesetz

1. Interpretieren Sie die Karikatur. Schreiben Sie die Antwort in Ihr Heft oder diskutieren Sie in der Klasse.

2. Was versteht man unter den folgenden Begriffen:

   Menschenrechte = _____

   _____

   Bürgerrechte = _____

   _____

   _____

3. Ordnen Sie die folgenden Rechte in die richtige Spalte ein:

   Versammlungsfreiheit – Recht auf Freizügigkeit – Schutz der Menschenwürde – Gleichheit vor dem Gesetz – Glaubensfreiheit – Wahlrecht – Asylrecht – Recht auf Leben – freie Wahl des Berufes – Vereinigungsfreiheit

Menschenrechte	Bürgerrechte

4. Kreuzen Sie die richtige Antwort an.

   Oberster Hüter der Grundrechte ist

   die Bundesregierung ☐   das Bundesverfassungsgericht ☐

   der Bundesgerichtshof ☐   der Bundespräsident ☐

   der Bundestag ☐   der Bundeskanzler ☐

© Westermann Gruppe

VII Menschenrechte – Grundlage der Freiheit

7.4 Rechtliche Sicherung der Menschenrechte – internationale Verträge

Tragen Sie die gesuchten Begriffe in das aufgeführte Schema ein.

Die Buchstaben in den Kästchen ergeben in der richtigen Reihenfolge als Lösungswort den Gegenstand vieler internationaler Verträge und Abkommen.

a) andere Bezeichnung für Abkommen, Übereinkunft _ _ _ _ ☐ _ _ _ ☐

b) nahm 1948 die Entschließung zum Schutz der Menschenrechte an _ _ _ _ ☐ _ _ ☐ _ _ _

c) ein elementares Recht _ _ ☐ _ _ _ _ _ _ _

d) hat 1950 ein Menschenrechtsabkommen unterzeichnet _ ☐ _ _ _ _ _

e) Bezeichnung einer internationalen Organisation _ _ _ _ _ _ ☐ _ _ _ _ _ _

f) im Unterschied zur UN-Erklärung sind die Rechte der Europäischen Menschenrechtskonvention ☐ _ ☐ _ _ _ _ _ _

g) Grundsatz für die Behandlung der Menschen vor dem Gesetz _ _ _ _ ☐ _ ☐ _ _ _

h) ist in allen internationalen Verträgen verboten _ _ _ ☐ _ _

i) ein elementares Recht _ _ _ _ ☐ _ _ _ _ _ _ _ _ _ ☐ _ _

LÖSUNGSWORT: _ _ _ _ _ _ _ _ _ _ _ _

VII Menschenrechte – Grundlage der Freiheit

7.5 Menschenrechte im Konfliktfeld internationaler Politik

Ergänzen Sie den unten stehenden Lückentext durch die folgenden Begriffe:

1948 – 1950 – demokratischen – Globalisierung – Grundsatz – mangelhaften Durchsetzbarkeit – innere Angelegenheiten – Machtmittel – Menschenrechte – Menschenrechte – Missachtung – politische – Sicherung der Menschenrechte – unterschiedlichen Interpretation – Verantwortung – Verwirklichung – westlichen – wirtschaftliche

Obwohl die _____ Rechtsstaaten Ende des 20. Jahrhunderts mehr denn je zur _____ _____ unternahmen, ist die weltweite Verwirklichung der _____ in der UN-Erklärung und _____ in der Konvention des Europarates beschriebenen Rechte bis heute nicht erreicht worden.

So werfen Menschenrechtler den _____ Staaten seit Jahren vor, über Menschenrechtsverletzungen in den Ländern hinwegzusehen, mit denen enge _____ und/oder _____ Beziehungen bestehen.

Dass die _____ der elementaren Rechte auch in Staaten, die die internationalen Abkommen zum Schutz der _____ unterzeichnet haben, möglich und an der Tagesordnung ist, hängt auch von der _____ _____ und von der _____ der Menschenrechte ab.

So hat z. B. die UNO nicht die _____, um die Regierung eines Landes, das die Menschenrechte verletzt, zur _____ zu ziehen. Hinzu kommt als weiteres Hindernis für einen weltweiten Menschenrechtsschutz das Prinzip der Selbstbestimmung und der Nichteinmischung in _____ eines Staates. Trotzdem sollte in der heutigen Zeit die _____ der Menschenrechte an erster Stelle stehen und _____ jeder politischen Handlung sein. In der Zeit wirtschaftlicher _____ gibt es genügend Möglichkeiten, Druck auf Staaten, die die _____ verletzen bzw. missachten, auszuüben.

VII Menschenrechte – Grundlage der Freiheit

7.6 Engagement für Menschenrechte – Organisationen

Kreuzen Sie die richtige Antwort an.

a) Hauptaufgabe von Amnesty International ist:

- Verurteilung von Menschenrechtsverletzungen ☐
- Unterstützung hilfloser Kinder ☐
- Forderung nach besserer Schulausbildung ☐
- Unterhaltung von Schutzzentren für Straßenkinder ☐
- Forderung nach Freilassung politischer Gefangener ☐

b) Terres des hommes hilft vor allem:

- kranken Menschen ☐
- alten Menschen ☐
- hilflosen Kindern ☐
- Arbeitslosen ☐
- Behinderten ☐

c) Die Abkürzung IGFM bedeutet:

- Internationale Gesellschaft für Medien ☐
- Internationale Gemeinschaft für Menschenrechte ☐
- Internationale Gesellschaft für Menschenrechte ☐
- Internationale Gesellschaft für Minderjährige ☐
- Internationale Gruppe für Menschenrechte ☐

d) Eine Aktion der IGFM ist:

- Organisation von Lebensmitteln für Hilfsbedürftige ☐
- Hilfe für politische Gefangene ☐
- Entwicklungshilfe in den ärmsten Ländern ☐
- Rechtsberatung für Angeklagte in der BRD ☐
- Hilfe für Straftäter ☐

e) Folgende Organisation ist eine Menschenrechtsorganisation:

- Weight Watchers ☐
- Human Rights Watch ☐
- Greenpeace ☐
- World Trade Organization ☐
- World Health Organization ☐

VII Menschenrechte – Grundlage der Freiheit

7.7 Engagement für Menschenrechte – persönlicher Einsatz

Schlägerei in der Straßenbahn

Rolf, Michaela und Stephan, alle drei 16 Jahre alt, fahren am frühen Abend nach einem Schulfest mit der Straßenbahn nach Hause. Als sie aussteigen, beobachten sie, wie drei Skinheads einen körperlich weit unterlegenen farbigen Jugendlichen beschimpfen, bespucken und schließlich nach ihm treten. Rolf ruft: „Lasst den doch in Ruhe!" und will dazwischengehen. Stephan hält ihn zurück. Kurze Zeit später machen sich die drei Skinheads auf und davon. „Gegen die kannst du doch nichts machen", sagt Stephan. „Die hätten dich doch brutal zusammengeschlagen." „Und jetzt?", fragt Michaela. „Sollten wir das nicht wenigstens der Polizei melden? Wir haben die drei doch gesehen und könnten eine Personenbeschreibung machen."

Quelle: vgl. Zeitlupe, Nr. 33, hrsg. von der Bundeszentrale für politische Bildung, Bonn, 1996, S. 23

1. Beurteilen Sie das Verhalten der drei Jugendlichen.

2. Wie würden Sie sich verhalten? Begründen Sie Ihre Antwort.

VIII Geschichtliche Prozesse im 20. Jahrhundert

8.1 Kennzeichen der Demokratie

In der Praxis der Demokratie werden verschiedene Modelle angewendet:

A	B
Das Volk übt die Staatsgewalt nicht direkt aus, sondern überträgt sie (durch Wahlen) Repräsentanten, den Abgeordneten, die in seinem Auftrag die Entscheidungen im Staat treffen. Die Abgeordneten sind dem Volk nicht direkt verantwortlich. _____ Demokratie	Die von den Wahlberechtigten Gewählten („Volksvertreter"; Abgeordnete) bilden das Parlament. Das Parlament wählt den Regierungschef. Dieser bestellt die Regierung. Eine einzige Wahl entscheidet über die Zusammensetzung von Regierung und Parlament. _____ Demokratie

C	D
In Form von Volksabstimmungen und Volksentscheiden entscheiden die Wähler direkt über Sachfragen, die zur Abstimmung gestellt werden. _____ Demokratie	Der Regierungschef/Präsident wird nicht von den Abgeordneten des Parlaments (Kongresses), sondern in einem eigenen Wahlgang über Wahlmänner gewählt. Regierung und Parlament werden also in getrennten Wahlen gewählt. _____ Demokratie

Was ist was?

1. Ordnen Sie die folgenden Begriffe in der Zeile vor „Demokratie" richtig zu:

   direkte – parlamentarische – präsidiale – repräsentative

2. Wie heißt die Demokratieform in folgenden Staaten?

   a) Bundesrepublik Deutschland: _____

   b) USA: _____

   c) Schweiz: _____

Quelle: vgl. Thema im Unterricht – extra, Was heißt hier Demokratie?, Bundeszentrale für politische Bildung, Bonn, 2020, S. 15

VIII Geschichtliche Prozesse im 20. Jahrhundert

8.2 Systemvergleich Diktatur – Demokratie

1. Kreuzen Sie an, ob es sich bei den folgenden Aussagen um Merkmale der **Demokratie** oder der **Diktatur** handelt.

Merkmal	Demokratie	Diktatur
Recht auf Persönlichkeit, auf Leben und freie Entfaltung		
Gewaltenteilung		
Bürgerrechte sind eingeschränkt		
Verantwortlichkeit der Regierung		
willkürliche Verhaftungen sind möglich		
Mehrparteienprinzip		
monopolistische Staatspartei		
vertikale und horizontale Gewaltenteilung fehlen		
Volkssouveränität		
Justiz orientiert sich an der Staatsideologie		
staatliche Macht kann nicht kontrolliert werden		
Chancengleichheit für alle Parteien		
Machtkonzentration		
Vereinzelung des Menschen		
Pluralismus		
Unabhängigkeit der Gerichte		
Recht auf Bildung einer Opposition		
Wahlen sind Bestätigungen		

2. Werten Sie die Grafik aus.

Quelle: Eurobarometer-Umfrage im Auftrag des Europäischen Parlaments, Referat Beobachtung der öffentlichen Meinung des Europäischen Parlament (Hrsg.): Demokratie in Bewegung. Ein Jahr vor der Europawahl 2019, Brüssel 2019, S. 39

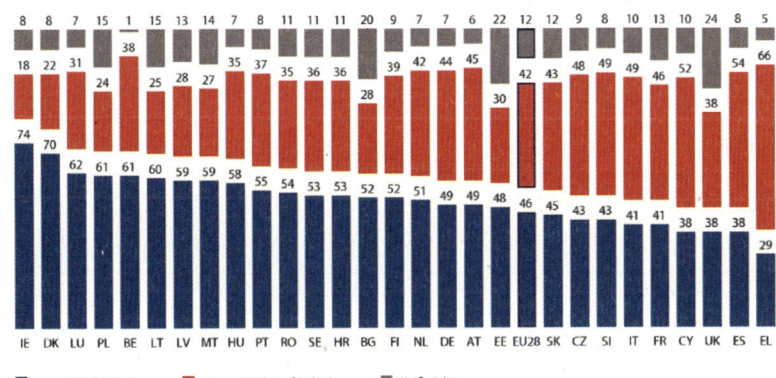

Quelle: Eurobarometer 2018 89.2, QA25b

VIII Geschichtliche Prozesse im 20. Jahrhundert

8.3 Extremismus

Merkmale des Links- und Rechtsextremismus

1. Ordnen Sie die folgenden Aussagen richtig zu:

revolutionäre Gewalt – Ablehnung der bestehenden Rechtsordnung – Nationalismus – sozialistisches/kommunistisches System – Schaffung eines totalitären Führerstaates – Gruppenbildung – Ablehnung herrschender Normen – Rassismus – Anarchismus – Ablehnung des bestehenden Gesellschaftssystems – Führerprinzip – militante Aktionen gegen den Staat und seine Einrichtungen – Volksgemeinschaft – Gewaltbereitschaft – Marxismus – Kampf gegen Ausländer und Juden

	Linksextremismus	Rechtsextremismus
Ideologische Basis		
Mittel zur Durchsetzung der Ideologie		
Gemeinsamkeiten		

IX Europäischer Einigungsprozess

9.1 Historische Entwicklung der EU

Konrad Adenauer (Brief vom 31.10.1945)

> Russland hat in Händen: die östliche Hälfte Deutschlands, Polen, den Balkan, anscheinend Ungarn, einen Teil Österreichs. Russland entzieht sich immer mehr der Zusammenarbeit mit den anderen Großmächten und schaltet in den von ihm beherrschten Gebieten völlig nach eigenem Gutdünken. In den von ihm beherrschten Ländern herrschen schon jetzt ganz andere wirtschaftliche und politische Grundsätze als in dem übrigen Teil Europas.
>
> Damit ist die Trennung in Osteuropa, das russische Gebiet, und Westeuropa eine Tatsache.
>
> In Westeuropa sind die führenden Großmächte England und Frankreich. Der nicht von Russland besetzte Teil Deutschlands ist ein integrierender Teil Westeuropas. Wenn er krank bleibt, wird das von schwersten Folgen für ganz Westeuropa, auch für England und Frankreich, sein. Es liegt im eigensten Interesse nicht nur des nicht von Russland besetzten Teiles Deutschlands, sondern auch von England und Frankreich, Westeuropa unter ihrer Führung zusammenzuschließen, den nicht russisch besetzten Teil Deutschlands politisch und wirtschaftlich zu beruhigen und wieder gesund zu machen. Eine Lostrennung des Rheinlandes und Westfalens von Deutschland dient diesem Zweck nicht, sie würde das Gegenteil herbeiführen. Man würde eine östliche politische Orientierung des nicht russisch besetzten Teiles Deutschlands herbeiführen. Dem Verlangen Frankreichs und Belgiens nach Sicherheit kann auf die Dauer nur durch die Verflechtung von Westdeutschland, Frankreich, Belgien, Luxemburg, Holland wirklich Genüge geschehen. Wenn England sich entschließen würde, auch an dieser wirtschaftlichen Verflechtung teilzunehmen, so würde man dem doch so wünschenswerten Endziele, Union der westeuropäischen Staaten, ein sehr großes Stück näher kommen.

Quelle: Konrad Adenauer: Erinnerungen 1945–1953, Frankfurt, Fischer-Verlag, 1967, S. 35

1. Beschreiben Sie mithilfe des Textes die Gründe für einen europäischen Zusammenschluss.

_____

_____

_____

_____

_____

_____

_____

_____

2. Ordnen Sie die folgenden Ereignisse den entsprechenden Jahreszahlen zu:

Beitritt Spaniens und Portugals zur EG – Einführung des EU-Binnenmarktes – Gründung der Euratom – 1. Direktwahl des Europäischen Parlamentes – Gründung der EG – Gründung der EGKS

1951	
1957	
1967	
1979	
1986	
1993	

© Westermann Gruppe

IX Europäischer Einigungsprozess

9.2 Organe der EU

1. Tragen Sie in das unten stehende Schema die folgenden Begriffe ein, sodass der innere Aufbau der EU deutlich wird:

Anfragen – Entscheidungen – Europäischer Rat – Europäisches Parlament – Gesetzgeber – Kommission – Rat der Europäischen Union – Mitsprache – Vorschläge

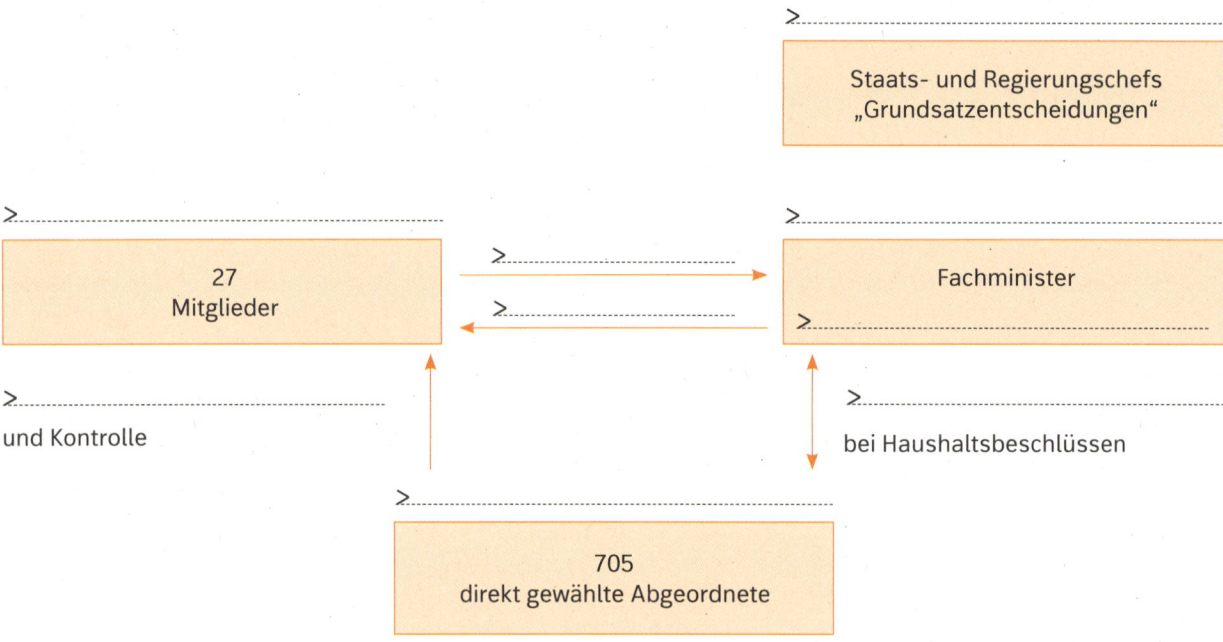

2. Im folgenden Text befinden sich drei falsche Aussagen. Unterstreichen Sie diese und stellen Sie sie anschließend richtig:

Die wichtigsten Organe der EU sind der Rat der Europäischen Union und das Europäische Parlament. Sie verkörpern die legislative und exekutive Gewalt innerhalb der Europäischen Union. Der Rat der Europäischen Union, der sich aus den jeweiligen Fachministern der Mitgliedsländer zusammensetzt, hat bei seinen Entscheidungen die schwierige Aufgabe, nationale und europäische Interessen miteinander zu verbinden. Die Europäische Kommission, die aus 20 Mitgliedern besteht, die vom Europäischen Parlament gewählt werden, führt die Entscheidungen des Rates der Europäischen Union aus. Allerdings bedarf es vorher noch der Bestätigung durch die nationalen Parlamente.

Richtigstellung:

1. _____

2. _____

3. _____

3. Die EU ist eine supranationale Organisation. Was versteht man darunter?

_____

IX Europäischer Einigungsprozess

9.3 Gesetzgebung in der EU

1. Bei der Gesetzgebung in der EU hat das Europäische Parlament abgestufte Mitwirkungsrechte.
Kreuzen Sie an, ob es sich in den folgenden Fällen um Zustimmungs-, Mitentscheidungs- oder Zusammenarbeitsrechte handelt.

	Zustimmung	Mitentscheidung	Zusammenarbeit
a) Unionsbürgerrechte	☐	☐	☐
b) Umweltpolitik	☐	☐	☐
c) Berufliche Bildung	☐	☐	☐
d) Binnenmarkt	☐	☐	☐
e) Europawahlen	☐	☐	☐
f) Forschung	☐	☐	☐
g) Arbeitsschutz	☐	☐	☐
h) Verbraucherschutz	☐	☐	☐
i) Ernennung der Europ. Kommission	☐	☐	☐
j) Europäische Zentralbank	☐	☐	☐
k) Gesundheitswesen	☐	☐	☐
l) Verkehrspolitik	☐	☐	☐

2. Erläutern Sie kurz, was die einzelnen Begriffe bedeuten.

Zustimmung = _____

_____

Mitentscheidung = _____

_____

Zusammenarbeit = _____

_____

IX Europäischer Einigungsprozess

9.4 Europa der Regionen

1. Warum ist Ihrer Meinung nach eine Beteiligung der verschiedenen Regionen (Bundesländer) an den Entscheidungen der EU wichtig?

2. Glauben Sie, dass die Interessen Thüringens in der EU berücksichtigt werden?
Begründen Sie Ihre Antwort.

IX Europäischer Einigungsprozess

9.5 Leben und Arbeiten im europäischen Binnenmarkt

1. Was versteht man unter dem EU-Binnenmarkt?

   _____
   _____
   _____
   _____

2. Bürger aus einem EU-Mitgliedsland genießen in einem anderen EU-Land Vorteile gegenüber Personen aus Ländern, die nicht der EU angehören. Zählen Sie einige dieser Vorteile auf.

   _____
   _____
   _____
   _____

3. Beschreiben Sie fünf Folgen, die die Verwirklichung des EU-Binnenmarktes mit sich gebracht hat.

   _____
   _____
   _____
   _____
   _____
   _____

4. Stellen Sie fest, welche Ziele die EU bis jetzt erreicht hat, welche durch den Binnenmarkt erreicht wurden und welche Ziele noch nicht erreicht wurden. Kreuzen Sie an.

Ziele	bereits erreicht	durch Binnenmarkt erreicht	noch nicht erreicht
Abschaffung der Pass- und Warenkontrollen an den Grenzen der EU			
keine Zölle zwischen den Mitgliedsländern			
gemeinsame Verteidigungspolitik			
Gründung der „Vereinigten Staaten von Europa"			
Direktwahl zum EU-Parlament			
Niederlassungsfreiheit für Personen aus EU-Mitgliedsländern			
uneingeschränkter Austausch von Waren			

IX Europäischer Einigungsprozess

9.6 Brexit

1. Ordnen Sie die Argumente der Befürworter bzw. Gegner des Brexits in Pro- und Contra-Argumente.

	Pro	Contra
a) Viele Briten haben ein Problem mit den Immigrationsgesetzen der EU. Sie wünschen sich, dass die Grenzen und die Bedingungen zum Leben in Großbritannien wieder selbst bestimmt werden können.	☐	☐
b) Die Sicherheit, auch im Kampf gegen den Terror, wird durch das Bündnis der EU gesteigert und die Handlungsmöglichkeiten werden größer.	☐	☐
c) Auch die Geheimdienste MI5 und MI6 stimmen dafür, in der EU zu verbleiben. Denn durch die Gemeinschaft ist der Austausch zwischen Behörden einfacher und die Reaktionszeit, beispielsweise bei Terroranschlägen, wird verkürzt. Das kann Leben retten.	☐	☐
d) Bislang können die Briten EU-Bürgern die Einreise und auch das Arbeiten in Großbritannien nicht untersagen. Das sorgt dafür, dass sich viele Briten entmündigt fühlen und Angst um Ihre Sicherheit haben.	☐	☐
e) Durch den Brexit soll es für Firmen wieder schwieriger werden, Fachkräfte aus dem Ausland anzuwerben. Dadurch soll erreicht werden, dass die Firmen sich wieder für Mitarbeiter aus Großbritannien entscheiden und die Konkurrenz auf dem Arbeitsmarkt sinkt.	☐	☐
f) Nach der Ankündigung des Brexits haben viele Firmen verkündet, dass sie nicht mehr in Großbritannien bleiben wollen. Denn durch den Brexit würde dieser Standort für sie nicht mehr wirtschaftlich bleiben. So gehen viele Arbeitsplätze verloren.	☐	☐
g) Es besteht der Verdacht, dass viele EU-Bürger nicht wegen der Arbeit und der verbesserten Perspektive nach Großbritannien einwandern, sondern um die Sozialsysteme in Anspruch zu nehmen. Es besteht die Angst, dass diese nicht ausreichend gerüstet sind und dadurch Briten die Leistungen entzogen oder gekürzt werden.	☐	☐
h) Die Waren in Britannien werden teurer werden. Denn es werden höhere Steuern und Abgaben gezahlt werden müssen.	☐	☐
i) Britannien ist, nach Deutschland, das wirtschaftlich stärkste Land in der EU. Deshalb wurden die Briten in Fragen der europäischen Union häufig mehr gefordert, als andere Länder. Das wird als ungerecht empfunden. Ein Beispiel dafür ist die Flüchtlingskrise.	☐	☐
j) Wenn die Briten die europäische Gemeinschaft verlassen, dann sind sie auf sich allein gestellt – auch bei umfangreichen Problemen und deren Lösung.	☐	☐

Quelle: Simon Boecher: Der Brexit: Alle Pro- und Contra-Argumente, in: prüfung-ratgeber, © 2019 Prüfung-Ratgeber.de, abgerufen unter www.prüfung-ratgeber.de/2019/01/der-brexit-alle-pro-und-contra-argumente/ [03.06.2019] (verändert)

2. Bewerten Sie aus Ihrer Sicht die einzelnen Argumente.

_____

_____

_____

IX Europäischer Einigungsprozess

9.7 Die Europäische Währungsunion

Kreuzen Sie die richtige Antwort an.

1. Wann ist der eigentliche Geburtstag des Euro?
   a) 1. Juli 2002
   b) 1. Januar 2002
   c) 1. Januar 1999

2. Wie viele Länder waren von Anfang an bei der Währungsunion dabei?
   a) 15
   b) 11
   c) 12

3. Welches der folgenden Länder nimmt nicht an der Währungsunion teil?
   a) Großbritannien
   b) Spanien
   c) Österreich

4. Was bedeutet Konvergenz?
   a) gleiche Wirtschaftskraft
   b) Annäherungsprozess bestimmter wirtschaftlicher Grunddaten
   c) gleiche Wirtschaftspolitik

5. Ab wann gab es den Euro als Bargeld?
   a) ab dem 1. Januar 2002
   b) ab dem 1. Januar 2000
   c) ab dem 1. Januar 1999

6. Wie lautete der Umrechnungskurs von der DM zum Euro?
   a) 1 Euro = 1 D-Mark
   b) 1 Euro = 1,95583 D-Mark
   c) 1 Euro = 0,55834 D-Mark

7. Wie lautet die offizielle Abkürzung des Euro?
   a) EU
   b) EUR
   c) ERO

8. Was änderte sich bei der Umstellung auf den Euro für die Geldsummen?
   a) rein rechnerisch die Zahlen, der Wert blieb gleich
   b) die Zahlen und damit auch der Wert des Geldes
   c) gar nichts

9. Wie sieht das offizielle Zeichen des Euro aus?
   a) ein großes E mit zwei Längsstrichen
   b) ein großes E mit doppeltem Querstrich
   c) ein großes E, von Sternen umrahmt

© Westermann Gruppe

IX Europäischer Einigungsprozess

9.8 Die Erweiterung der EU

Tragen Sie die gesuchten Begriffe in das aufgeführte Schema ein.

Die Buchstaben in den Kästchen ergeben in der richtigen Reihenfolge als Lösungswort ein wesentliches Ziel der EU.

a) Beitrittskandidat für die EU

b) Eine Bedingung für die Aufnahme

c) Sollen durch eine Erweiterung abgebaut werden

d) Müssen alle EU-Mitgliedsländer einhalten

e) Grundsätzlich aufnahmefähig

f) Mitglied der EU

g) Grundlegendes Wirtschaftssystem für alle Mitglieder der EU

h) Müssen in den Mitgliedsländern geschützt werden

i) Gefahr bei einer Erweiterung

j) Langfristiges Ziel der EU, das von neuen Mitgliedern anerkannt werden muss

k) Nur ein Teil des Landes ist Mitglied der EU

l) Gefahr bei einer Nichterweiterung

m) Fähigkeit der Mitgliedsländer, diesem in einem gemeinsamen Markt standzuhalten

LÖSUNGSWORT: _ _ _ _ _ _ _ _ _ _ _ _

_ _ _ _ _ _ _ _ _ _ _ _ _

IX Europäischer Einigungsprozess

9.9 Die Gemeinsame Außen- und Sicherheitspolitik (GASP)

Struktur und Organisation der GASP

- **Europäischer Rat**
  Die Grundsätze und die Leitlinien der GASP werden von dem zumindest alle sechs Monate zusammentretenden Europäischen Rat der Staats- und Regierungschefs einstimmig festgelegt.

- **Rat der Außenminister**
  Stellt das zentrale Beratungs- und Beschlussfassungsorgan der GASP dar und tritt allmonatlich zusammen. Es soll zudem für ein einheitliches kohärentes Auftreten der Union in allen Bereichen der Außenbeziehungen der Union Sorge tragen, d. h. in der Außen- und der Sicherheitspolitik sowie der Außenwirtschafts- und Entwicklungspolitik.

- **Diplomatischer Unterbau**
  Zur Unterstützung der Minister bei der Vorbereitung der Entscheidungen besteht eine Reihe von Einrichtungen:
    - das politische Komitee der Politischen Direktoren der Außenministerien,
    - der Ausschuss der ständigen Vertreter (Botschafter) der Mitgliedstaaten in Brüssel,
    - die Arbeits- bzw. die Expertengruppen,
    - die europäischen Korrespondenten als Verbindungsbeamte zwischen den Außenministerien und der Kommission.

- **Präsidentschaft**
  Die koordinierende Geschäftsführung der GASP und die Vertretung nach außen obliegt der Präsidentschaft, die jeweils für sechs Monate einem EU-Mitgliedstaat übertragen wird und zusammen mit dem vorigen und nachfolgenden Ratsvorsitzenden die sogenannte Troika bildet.

- **Europäische Kommission**
  Die Kommission ist in allen Gremien der GASP vertreten, nimmt jedoch formell an der Beschlussfassung nicht teil; sie kann Vorschläge unterbreiten und besitzt ein Initiativrecht.

- **Europäisches Parlament**
  Das Parlament ist lediglich zu unterrichten und anzuhören, hat jedoch keine unmittelbaren Befugnisse. Allerdings bedarf die Finanzierung der GASP – Verwaltungsausgaben und gegebenenfalls operative Ausgaben einer Aktion – der Zustimmung des Parlaments.

1. Welches der oben genannten Gremien spielt in der GASP die bedeutendste, welches eine „unbedeutende" Rolle? Begründen Sie Ihre Antwort.

2. Die Gemeinsame Außen- und Sicherheitspolitik kennt unterschiedliche Formen der Zusammenarbeit. Was versteht man in diesem Zusammenhang unter folgenden Begriffen?

   Unterrichtung

   Gemeinsamer Standpunkt

   Gemeinsame Aktion

X Globalisierung

10.1 Friedensbegriff

Wie spielt man Frieden?

Der russische Kinderbuchautor Marschak beobachtete einmal 6- bis 7-jährige Kinder beim Spiel. „Was spielt ihr?", fragte er. Die Antwort: „Wir spielen Krieg." Darauf sagte Marschak: „Wie kann man nur Krieg spielen! Ihr wisst doch sicher, wie schlimm Krieg ist. Ihr solltet lieber Frieden spielen." – „Das ist eine gute Idee", sagten die Kinder. Dann Schweigen, Beratung, Tuscheln, wieder Schweigen. Da trat ein Kind vor und fragte: „Großväterchen, wie spielt man Frieden?"

Quelle: Brock, Lothar; Jochheim, Gernot; Hornung, Volker: Thema Frieden, Berlin, Colloquium Verlag, 1973, S. 9

1. Machen Sie konkrete Vorschläge, wie die Kinder „Frieden" spielen können.

2. Ergänzen Sie den Lückentext sinnvoll durch die folgenden Begriffe:

Freiheit – Frieden – Frieden – Konflikte – Krieg – Krieg – Menschenrechte – Mitmenschen – soziale – tolerieren – unterdrücken – Verwirklichung – Vorurteile – Wohlstand

In früheren Zeiten wurde _____ als Zustand definiert, in dem kein _____ herrscht. Heute ist man der Ansicht, dass der Begriff Frieden viel umfassender ist. Frieden ist also mehr als der bloße Zustand des Nicht-Krieges. Wesentliche Aspekte sind heute die _____ der _____ und die Freiheit der Menschen. Das bedeutet, dass Diktaturen, die ihre Bürger _____, keinen Frieden haben, auch wenn sie nach außen keinen _____ führen. Ein umfassender _____ ist deshalb heute erst dann erreicht, wenn _____ Gerechtigkeit und wirtschaftlicher _____ für alle Menschen verwirklicht sind. Dazu kann jeder Einzelne beitragen, indem er sich gegenüber seinen _____ entsprechend verhält: Andere _____, _____ abbauen, _____ friedlich lösen sind nur einige Aspekte, die hier zu nennen wären.

X Globalisierung

10.2 Friedensbedrohende Phänomene

1. Frieden kann durch viele Dinge bedroht werden.
   Im Folgenden werden einige Aussagen aufgeführt. Ordnen Sie diesen Aussagen den entsprechenden übergeordneten Begriff zu.

   Aussage **Übergeordneter Begriff**

   a) Die Nazis glaubten, dass die Deutschen allen anderen Völkern überlegen seien. _____

   b) Radikale Anhänger der islamischen Gruppe Hamas glauben, ihre Religion sei die einzig wahre. _____

   c) Serben grenzen sich aufgrund gemeinsamer Sprache, Abstammung usw. von den Kosovo-Albanern ab. _____

   d) In Russland kämpfen verschiedene Nationen um Unabhängigkeit von der Moskauer Zentralgewalt. _____

   e) Die Taliban in Afghanistan führen Krieg, um ihre religiöse Überzeugung durchzusetzen. _____

   f) Der Irak überfiel Kuwait, weil dort große Vorräte an Erdöl lagern. _____

2. Ergänzen Sie den unten stehenden Text mit den folgenden Begriffen:

   Konfliktaustragung – Politisch – religiös – Terrorismus – Terroristen – UN-Vollversammlung – Zusammenarbeit

   _____ oder _____ motivierte Gewaltanwendung durch einzelne Personen, Gruppen oder in staatlichem Auftrag wird auch als _____ bezeichnet. Dieser gewalttätigen _____ versuchte die _____ 1997 durch eine Übereinkunft entgegenzuwirken. In ihr beschloss man die weltweite _____ bei der Verfolgung von _____ .

X Globalisierung

10.3 Ursachen für Konflikte

In dem Schwedenrätsel sind Begriffe versteckt. Suchen Sie diese und tragen Sie die Begriffe unten ein.

J	E	R	T	T	D	K	O	N	F	L	I	K	T	O
Q	U	F	O	H	S	T	H	C	I	R	E	G	L	P
W	S	A	T	R	F	W	H	D	G	E	I	R	K	I
E	D	N	I	P	G	I	R	I	A	P	E	J	U	G
R	F	A	X	K	H	A	S	S	E	W	K	H	K	Z
T	G	T	A	O	A	E	W	M	S	A	U	W	A	T
Z	H	I	C	N	O	T	M	B	D	V	T	S	M	F
U	J	S	V	E	R	T	I	N	F	C	I	Q	P	R
I	K	M	B	I	G	Z	E	V	X	Y	V	X	F	E
O	L	U	N	D	H	J	I	R	E	C	E	C	H	M
A	T	S	N	S	L	K	S	F	R	G	B	H	C	O
S	N	E	B	I	T	O	D	Q	L	O	M	J	S	R
D	E	W	G	O	C	X	E	A	W	S	R	R	I	D
G	E	W	A	L	T	D	R	O	J	U	G	T	A	L

1. _____
2. _____
3. _____
4. _____
5. _____
6. _____
7. _____
8. _____
9. _____
10. _____

X Globalisierung

10.4 Die UNO – Organisation

1. Ergänzen Sie den folgenden Text:

   Die UN, auf deutsch die _____ , wurden am _____ in San Francisco von 51 Staaten

   gegründet. Ihr gehören heute _____ Staaten an. Die Grundsätze der UN sind in der _____

   aufgeführt. Die wichtigsten Ziele sind:

   1. _____

   2. _____

   3. _____

   4. _____

2. Ordnen Sie jeder Beschreibung/Aussage das entsprechende Organ der Vereinten Nationen zu.

Beschreibung/Aussage	Organ
a) alle Mitglieder	
b) Verwaltung	
c) Sitz in Den Haag	
d) fünf ständige Mitglieder	
e) tagt einmal pro Jahr	
f) 15 Richter	
g) Vetorecht	
h) von der Vollversammlung auf fünf Jahre gewählt	
i) zehn nichtständige Mitglieder	
j) fasst allgemein verbindliche Beschlüsse	

X Globalisierung

10.5 Die NATO

Kreuzen Sie die richtige Antwort an.

1. Welches der folgenden Länder ist kein Mitglied der NATO?
    a) Türkei
    b) Polen
    c) Estland
    d) Schweiz

2. „Primat der Politik" heißt:
    a) Politische Entscheidungen haben Vorrang.
    b) In der NATO gibt es nur Militärs.
    c) Die NATO darf nur politisch reagieren.
    d) Politische Überlegungen müssen sich militärischen unterordnen.

3. Entscheidungsorgan innerhalb der NATO ist:
    a) der Militärausschuss
    b) der Generalsekretär der NATO
    c) der internationale Militärstab
    d) der NATO-Rat

4. Sitz der NATO ist:
    a) Luxemburg
    b) Straßburg
    c) Brüssel
    d) Paris

5. Ziel der „Partnerschaft für den Frieden" ist:
    a) Erhöhung der Militärausgaben
    b) Sicherheitsgarantie für die Mitgliedsländer
    c) Konsultationen bei Bedrohung eines Partners
    d) Aufrüstung der militärischen Systeme

6. Eine Aufgabe der NATO ist:
    a) Sicherung der freiheitlichen Demokratien
    b) überall dort einzugreifen, wo ein Konflikt entsteht
    c) in allen Staaten für die Einhaltung der Menschenrechte zu sorgen
    d) im Auftrag der UN Kriege zu führen

7. Welches der folgenden Länder ist Mitglied der NATO?
    a) Finnland
    b) Schweden
    c) Irland
    d) Island

X   Globalisierung

10.6   Entwicklungsländer

1. Erläutern Sie die Merkmale von Entwicklungsländern und Schwellenländern und nennen Sie je zwei Beispiele.

___

2. Füllen Sie den Lückentext aus:

Die Gebiete, welche wir heute als Entwicklungsländer bezeichnen, können auf sehr alte Kulturen verweisen. Trotzdem bedürfen sie heute unserer Hilfe. Warum?

Im 16. bis 19. Jahrhundert führte der _____ zur Abhängigkeit vieler Länder von den _____.

Diese waren nicht an einer Entwicklung dieser Länder interessiert, sondern nur an der Ausbeutung der _____, und sie hinterließen in der Landwirtschaft _____. Die Mutterländer impotierten aus ihren Kolonien mineralische (Gold, _____ , _____) und pflanzliche (Zucker, _____ , _____) Rohstoffe. Ebenfalls entwicklungshemmend können sich geografische Bedingungen wie _____ und _____ auswirken. Der Mensch ist zwar in der Lage, sich an bestimmte Bedingungen anzupassen, aber _____ (ewiges Eis) und _____ (_____) gestalten Leben oftmals sehr schwierig.

3. Gestalten Sie aus fünf Kennzeichen der Entwicklungsländer einen „Teufelskreis der Armut".

z. B.:

- Armut
- Bevölkerungsexplosion
- ungleiche Verteilung von Besitz und Einkommen
- mangelhafte Gesundheit
- schlechte Bildung

X Globalisierung

10.7 Entwicklungspolitik

1. Beschreiben Sie den Begriff „Entwicklungspolitik".

2. Beurteilen Sie die Aussage: „Kein Teil der Welt kann ohne den anderen überleben."

3. Warum sollten in der Entwicklungspolitik folgende Maßnahmen abgelehnt werden:

   a) Militärhilfe:

   b) Übertragung der Verhältnisse eines Industriestaates auf ein Entwicklungsland:

   c) Kapitalhilfe in Form von Krediten:

4. Welche persönlichen Möglichkeiten (4) im Sinne der Entwicklungspolitik haben Sie?

X Globalisierung

10.8 Die Bundeswehr

Primat der Politik

Die Führung der Streitkräfte durch Regierung und Parlament wird durch folgende Bestimmungen gesichert:
- Die Bundeswehr ist Teil der vollziehenden Gewalt. Der Abschnitt VIII des Grundgesetzes [...] enthält [...] die wesentlichen Teile der Wehrverfassung. So ermächtigt Art. 87a den Bund, Streitkräfte aufzustellen, und die Absätze 1 bis 3 Art. 87a definieren die Einsatzfälle.
- Umfang, Ausbau und Organisation der Bundeswehr unterliegen der parlamentarischen Beschlussfassung (Art. 87a) bei der Haushaltsberatung [...]. Das Parlament hat damit die Kontrolle auch darüber, dass die Bundeswehr nur der Verteidigung dient (Art. 87a; Art. 26).
- Nur die politische Führung (Zweidrittelmehrheit im Bundestag) hat das Recht, den Spannungs- oder Verteidigungsfall zu erklären und die erforderlichen Maßnahmen einzuleiten (Art. 80a; Art. 115a ff.).
- Die Befehls- und Kommandogewalt liegt nicht beim Staatsoberhaupt, sondern beim parlamentarisch kontrollierten Verteidigungsminister (Art. 65a). Alle Instanzen, die bei der Führung der Bundeswehr zusammenwirken, der Verteidigungsminister, der Bundeskanzler mit seiner Richtlinienkompetenz und das Bundeskabinett, werden parlamentarisch kontrolliert.
- Der Primat der Politik zeigt sich auch im Aufbau des Verteidigungsministeriums:
Es gibt keine Minister für Teilstreitkräfte, auch keinen Generalstab. Die Inspekteure der Teilstreitkräfte unterstehen dem Minister oder seinen zivilen Vertretern (Staatssekretären) auf der Ebene der Abteilungsleiter. Der Generalinspekteur ist der militärische Berater des Verteidigungsministers und der höchste militärische Repräsentant der Bundeswehr. Alle wichtigen Entscheidungen werden vom Minister oder seinen zivilen Vertretern (Staatssekretären) getroffen.
- Der Einbau der Streitkräfte in die vollziehende Gewalt machte eine eigene Kontrolleinrichtung des Parlaments notwendig. Der Verteidigungsausschuss ist ständiger Ausschuss; zudem kann er sich selbst als Unterausschuss einsetzen (Art. 45a Abs. 2). Auf Antrag schon eines Viertels seiner Mitglieder muss „eine Angelegenheit zum Gegenstand einer Untersuchung" gemacht werden.
- Der Wehrbeauftragte (Art. 45b) ist ein Hilfsorgan des Bundestages bei der Ausbildung der parlamentarischen Kontrolle. Seine Aufgabe ist der Schutz der Grundrechte der Soldaten. Diese gelten auch für den Soldaten; seine militärischen Pflichten machen zwar Einschränkungen notwendig, jedoch müssen diese gesetzlich beschrieben sein (Soldatengesetz). Der Soldat soll an eigenen Lebensvorstellungen nur so viel aufgeben, wie der Zweck der Bundeswehr erfordert. [...]

Quelle: Arbeitsgemeinschaft Jugend und Bildung e.V. (Hrsg.): Frieden & Sicherheit. Ein Heft für die Schule. Wiesbaden, Universum Verlag, 1996

1. Erläutern Sie den Begriff „Primat der Politik".

   _____

   _____

2. Nennen Sie drei Institutionen mit denen der Primat der Politik in der Bundesrepublik garantiert wird.

   a) _____

   b) _____

   c) _____

3. Kreuzen Sie bei den nachfolgenden Aussagen an, ob sie richtig oder falsch sind. Stellen Sie die falschen Aussagen richtig.

   a) Die Führung der Bundeswehr (Oberster Befehlshaber) besteht aus Soldaten.

      richtig ☐   falsch ☐

      Richtige Aussage: _____

   b) Jeder männliche Bürger der Bundesrepublik muss mit Vollendung seines 18. Lebensjahres seinen Wehrdienst leisten.

      richtig ☐   falsch ☐

      Richtige Aussage: _____